DIE THEATERREIHE
Herausgegeben von Helmar Harald Fischer

DAVID MAMET

Das Kryptogramm
Enten Variationen
Hanglage Meerblick

Drei Theaterstücke
Deutsch von Bernd Samland

PROJEKT Theater & Medien Verlag

Titel der amerikanischen Originalausgaben:

The Cryptogram
The Duck Variations
Glengarry Glen Ross

© The Cryptogram by David Mamet 1995
© für die deutsche Ausgabe bei Krista Jussenhoven,
PROJEKT Theater & Medien Verlag, Köln 1995

© The Duck Variations by David Mamet 1971
© für die deutsche Ausgabe bei Krista Jussenhoven,
PROJEKT Theater & Medien Verlag, Köln 1995

© Glengarry Glen Ross by David Mamet 1982, 1983
© für die deutsche Ausgabe bei Krista Jussenhoven,
PROJEKT Theater & Medien Verlag, Köln 1995

Umschlag: Frieder Grindler

Foto Mamet: Columbia Pictures

Alle Rechte vorbehalten, insbesondere das der Aufführung durch Berufs- und Laienbühnen, des öffentlichen Vortrags, der Verfilmung und Übertragung durch Rundfunk, Fernsehen und andere audiovisuelle Medien, auch einzelner Abschnitte.

Satz: Rodewald, Diekmann, Lohr

Druck: Wienand, Köln

ISBN 3-930 226-02-2

Printed in Germany 1995

Inhalt

Das Kryptogramm 7
Enten Variationen 71
Hanglage Meerblick 109
Nachwort 179

Das Kryptogramm

Personen

DONNY . . . . .eine Frau Ende Dreißig

DEL . . . . .ein Mann im selben Alter

JOHN . . . . .Donnys etwa zehnjähriger Sohn

Das Stück spielt in Donnys Wohnzimmer, Chicago 1959.

Eins: *Abends.*
Zwei: *Am nächsten Abend, spät.*
Drei: *Abends. Einen Monat später.*

Dies Stück ist Gregory Mosher gewidmet.

„Late last night when you were all in bed
Mrs. O'Leary left a lantern in her shed."

Camping Song

Eins

Ein Wohnzimmer. Eine Tür führt in die Küche. Eine Treppe führt in den ersten Stock. Es ist Abend. DEL *sitzt auf der Couch.* JOHN *kommt im Schlafanzug die Treppe herunter.*

JOHN	Ich konnte sie nicht finden.
DEL	... du konntest sie nicht ...
JOHN	Nein.
DEL	Was?
JOHN	Hausschuhe.
DEL	Wie?
JOHN	Sie sind eingepackt.
DEL	... die Hausschuhe sind eingepackt.
JOHN	Ja.
DEL	Warum hast du sie eingepackt?
JOHN	Sie müssen mit.
DEL	Wozu brauchst du deine Hausschuhe da draußen.
JOHN	Damit ich warme Füße habe.
DEL	Aha.
JOHN	Hätte ich sie nicht einpacken sollen?
DEL	Aber du mußt dir was über die Füße ziehn.
JOHN	Was?
DEL	Socken.
JOHN	Soll ich mir jetzt anziehn.
DEL	Ja.
JOHN	„Solange mir noch warm ist."
DEL	Stimmt genau.
JOHN	Hier hab ich sie. *(Holt die Socken hervor und zieht sie an.)*
DEL	Das ist gut. Immer vorausdenken.
JOHN	Warum hast du gesagt: „Warum hast du sie eingepackt?"
DEL	Ich wunderte mich, daß du sie mitnehmen wolltest.

JOHN	Wieso?
DEL	Draußen im Wald?
JOHN	Nein, aber ich wollte sie in der Blockhütte anziehn.
DEL	... ganz recht.
JOHN	Meinst du nicht auch?
DEL	Doch, doch.
JOHN	Ich weiß doch, daß ich sie im Wald nicht tragen kann.
DEL	Nein, nein. Ganz recht. Wo warn wir stehengeblieben?
JOHN	Beim Thema Schlaf.
DEL	... beim The...
JOHN	Beim Thema Schlaf.
DEL	Ja. Tut mir leid. Du hast durchaus recht. Deine Hausschuhe mitzunehmen. Ich war vorschnell.
JOHN	Ist schon in Ordnung.
DEL	Danke. *(Pause)* Wo waren wir? Beim Thema Schlaf.
JOHN	Und gestern abend ebenso.
DEL	Hmh ...?
JOHN	... ich konnte nicht schlafen.
DEL	Das hab ich gehört. *(Pause)*
JOHN	Gestern abend auch nicht.
DEL	Schön. Was bedeutet: „Ich konnte nicht schlafen"?
JOHN	... was das bedeutet?
DEL	Ja. Es bedeutet nichts weiter als die Bedeutung, die du dem Satz eben verleihst.
JOHN	Ich versteh dich nicht.
DEL	Dann werde ich es erklären.
JOHN	Gut.
DEL	Ein „Ausflug", zum Beispiel, auf den du dich schon lange freust.
JOHN	Ein Ausflug. Ja. Aber klar.
DEL	... goldrichtig.
JOHN	... daß ich aufgeregt bin.
DEL	... wer wär das nicht?

JOHN	*Jeder* wäre aufgeregt.
DEL	Ganz recht.
JOHN	... vor einem Ausflug in den *Wald* ...?
DEL	Na, siehst du? Du hast dir deine Frage selbst beantwortet. *(Pause)*
JOHN	Ja. Ich bin aufgeregt.
DEL	Das ist doch kein Wunder.
JOHN	Kein Wunder.
DEL	Nein. Verstehst du nun?
JOHN	Daß es natürlich ist.
DEL	Ich meine schon.
JOHN	Wirklich?
DEL	Es ist hundertprozentig natürlich. Du fährst mit deinem *Vater* ...
JOHN	Warum ist er nicht zu Hause?
DEL	Das wissen wir nicht.
JOHN	... denn es ist eine große Sache. Da draußen zu sein.
DEL	Das kann ich dir sagen.
JOHN	Im Wald ...?
DEL	... das kann ich dir flüstern.
JOHN	Du weißt es genau.
DEL	Ich weiß es genau. Und ich will dir eins sagen: auch ältere Menschen. Erwachsene. Weißt du, was die machen? In der Nacht vor einem Ausflug?
JOHN	Was machen sie denn?
DEL	Nun ja, oft können sie nicht schlafen. Dann bleiben sie die ganze Nacht auf.
JOHN	Die auch?
DEL	Aber ja.
JOHN	Wieso?
DEL	Sie können nicht schlafen. Nein. Wieso? Weil ihr Kopf voller Gedanken ist.

JOHN	Was für Gedanken?
DEL	Ihre Gedanken kreisen um zwei Dinge.
JOHN	Ja?
DEL	Was sie *verlassen*.
JOHN	... ja?
DEL	Und wohin sie *gehen*. *(Pause)* Ganz wie bei dir.
JOHN	... was sie verlassen ...
DEL	... hmhm ... *(Pause)*
JOHN	Woher weißt du das?
DEL	Ja, weißt du, es heißt, wir lernen mit dem Leben.
JOHN	Wirklich?
DEL	So heißt es. Und ich will dir *noch* was verraten ... *(Aus dem Off ist zu hören, wie etwas zu Bruch geht. Pause)*
DONNY	*(off)*... Nichts passiert ...
DEL	... was?
DONNY	*(off)* Nichts passiert ...
DEL	... hast du ...
DONNY	*(off)* Was? Hab ich was?
DEL	Bist du ...
DONNY	*(off)* Was?
	Ich hab den Tee verschüttet.
DEL	Was?
DONNY	*(off)* Den Tee verschüttet.
DEL	Brauchst du Hilfe?
DONNY	*(off)* Was?
JOHN	Brauchst du Hilfe, hat er gesagt.
DONNY	*(off)* Nein.
DEL	Wirklich nicht? *(zu JOHN)* Geh und hilf deiner Mutter.
DONNY	*(off, gleichzeitig mit „Mutter")*... nichts passiert. *(für sich)* Ach, Mist ...
DEL	Was hast du gemacht?
DONNY	*(off)* Was?

DEL	... was hast du gemacht ...
DONNY	Ich hab den Tee, ich hab die Teekanne fallen lassen. Nichts passiert. Ich hab die Teekanne kaputt gemacht. *(Pause)*
DEL	*(zu JOHN)* Tja, da haben wir es.
	... kein *Mensch*, nichts
JOHN	... ja?
DEL	... läßt sich verheimlichen.
JOHN	Soll das ein Beispiel sein?
DEL	Ja gut, sieh's mal so: Wenn etwas in *Unordnung* gerät, egal was, wenn eine, ähm, „Veränderung" eintritt, verstehst du ...?
JOHN	Welche Veränderung denn?
DEL	Der Ausflug.
JOHN	Sie fährt doch nicht.
DEL	Nein, natürlich nicht. Aber *du*. Und dein Vater. Das ist ein Umbruch.
JOHN	Ein ganz kleiner.
DEL	Wer weiß das schon? *(Pause)*
JOHN	Aber hast du das so empfunden?
DEL	Ob ich ...?
JOHN	Ja.
DEL	Was empfunden?
JOHN	Letzte Woche.
DEL	Letzte Woche. Soll ich was empfunden haben.
JOHN	Auf dem Ausflug.
DEL	... Ob ich ...?
JOHN	Als du deinen Ausflug gemacht hast.
DONNY	*(off)* Es dauert noch eine Minute.
JOHN	... als du deinen Auflug gemacht hast.
DONNY	*(off)*... alles in Ordnung ...?
DEL	Uns geht's bestens.
DONNY	*(off)* Der Tee kommt in einer Minute.
JOHN	Uns geht's hier bestens.
DONNY	*(kommt herein)* Ich habe die ... warum schläfst du noch nicht.

DEL	... ob es für mich eine „Belastung" war?
DONNY	... John ...?
JOHN	Ja?
DONNY	Warum schläfst du noch nicht?
DEL	Vor meinem Ausflug. Nein.
JOHN	Nein. Wieso nicht?
DEL	Weil, und das ist wichtig. Weil jeder Mensch anders ist.
DONNY	Was machst du hier unten?
DEL	Wir unterhalten uns.
JOHN	... ich bin runtergekommen.
DEL	*(zu DONNY)* Entschuldige. Alles in Ordnung?
DONNY	Was? Ich hab die Teekanne fallen lassen. Was *machst* du hier unten ...
JOHN	Wir unterhalten uns.
DEL	Er kam runter, und ich habe ihn in ein Gespräch verwickelt.
DONNY	*(seufzt)* Jetzt trinken wir Tee, und dann gehst du nach oben ... Wo hast du deine Hausschuhe?
JOHN	Eingepackt.
DONNY	Du hast sie eingepackt.
JOHN	Für den Ausflug.
DONNY	Und dann gehst du nach oben, gehst ins Bett und schläfst.
JOHN	Ich will warten, bis mein Vater nach Hause kommt.
DONNY	Ja gut, natürlich. Aber du brauchst deinen Schlaf. Und ohne deinen Schlaf gibt's für dich auch keinen Ausflug.
JOHN	Kommt er bald nach Hause?
DONNY	Ja. Bestimmt.
JOHN	Wo ist er?
DONNY	Das weiß ich nicht. Doch, doch, ich weiß es. Er ist im Büro. Und er wird bald zu Hause sein.
JOHN	Warum arbeitet er noch so spät?
DONNY	Das weiß ich nicht. Wir werden es erfahren, wenn er nach Hause kommt, John. Müssen wir das jeden Abend durchspielen?

JOHN	Ich will doch nur ...
DONNY	Weißt du was?
JOHN	Ich wollte dich nicht aufregen, ich will nur ...
DEL	... kann ich ...?
JOHN	Ich will nur ...
DEL	*(gleichzeitig mit „nur")* Kann ich einen Vorschlag machen? *(zu JOHN)* John: Kannst du dich nicht irgendwie beschäftigen?
DONNY	Er muß schlafen.
DEL	... aber er kann nicht einschlafen. Er ist ...
JOHN	Das stimmt.
DONNY	... Augenblick mal.
JOHN	... wenn ich etwas zu *tun* hätte ...
DONNY	*(gleichzeitig mit „hätte")* Nein. Du hast völlig recht.
JOHN	... irgend etwas zu tun ...
DONNY	Na gut.
DEL	Hast du gepackt?
JOHN	Fix und fertig gepackt.
DEL	... dann ...
JOHN	Ich, ich, mein *Vater* hat noch nicht gepackt, seine ...
DONNY	Nein ...
JOHN	... Ich könnte *seine* Sachen packen.
DONNY	Nein, nein, ich sag dir, was du tun könntest.
JOHN	Was?
DONNY	Den Dachboden durchgehen.
JOHN	... durchgehen?
DONNY	Ihn aufräumen. Ja.
JOHN	Ist er durcheinander?
DONNY	Hmhm.
JOHN	Wieso?
DONNY	... nach meiner „Wühlerei".
JOHN	Gut.
DONNY	... und ...

JOHN	... ist gut.
DONNY	Sieh mal nach, ob du da oben irgendwelche Sachen findest.
JOHN	Sachen.
DONNY	... die du brauchen könntest.
JOHN	... Sachen, die ich mitnehmen könnte.
DONNY	Hmhm.
JOHN	Oder die *er* vielleicht brauchen könnte.
DONNY	Ganz recht.
JOHN	... oder die du vergessen hast.
DONNY	Ja.
JOHN	Einzupacken.
DONNY	Ja. Würdest du das tun?
JOHN	Na klar.
DONNY	Danke, John.
DEL	Danke.
DONNY	Und vielleicht ziehst du dir noch etwas an.
JOHN	Gut.
DONNY	Sehr gut. Also, ab mit dir.
JOHN	Ich gehe schon.
DEL	„Mein Segen ruhe auf deinem Haus."
JOHN	Das hat der Zauberer gesagt.
DEL	Ganz recht.
JOHN	„Und meiner auf dem deinen."
DEL	„Bis daß der Wal mag sprechen."
JOHN	„Bis daß der Mond mag weinen." Mutter?
DONNY	Ich kann mich nicht mehr daran erinnern ... *(Pause)*
JOHN	Du kannst dich nicht mehr daran erinnern? *(Pause)*
DEL	Also, John. Also dann. Ab mit dir an die Arbeit.
JOHN	*(geht ab)* Schon unterwegs.
DEL	Ab mit dir. *(Pause)*
DONNY	Nein. Ich verstehe es nicht.

DEL	Tja ...
DONNY	Nein.
DEL	Er kann eben schwer einschlafen.
DONNY	Hm. Nein.
DEL	Das liegt in seiner Natur.
DONNY	Ach ja?
DEL	Kinder ...
DONNY	Nein. Du mußt nämlich wissen. Er macht jeden Abend so ein Theater ...
DEL	Naja. Aber heute ist ein besonderer Abend, er ...
DONNY	Nein nein. Er findet immer einen Grund. Irgendeinen ... jeden Abend ...
DEL	Ja. Zugegeben. Aber ein Ausflug in den Wald ...
DONNY	... er ...
DEL	... mit seinem Vater ...? Das ist ein Ereignis. Finde ich. Was weiß ich schon? Aber, als sein *Freund* ...
DONNY	... ja ...
DEL	... als sein *Freund* ...
DONNY	Ja ja. Er findet immer einen Grund.
DEL	Ja schon, aber ich meine, *trotz* ... Was weiß ich. Ich will mich nicht einmischen ... aber gut. Aber *gut*. Man schickt ihn hoch auf den Dachboden ...
DONNY	So.
DEL	Und das ist es. Das ist die Lösung.
DONNY	So. Soso.
DEL	Um ihn, um ... wie sagt man noch gleich ...?
DONNY	Sieh mal, was ich gefunden habe.
DEL	Um ihn ... nicht um ihn „einzubinden"... sondern ...

DONNY	Sieh mal, was ich gefunden habe.
DEL	„Einzubeziehen." Das ist das Wort. Ist das das Wort? Nein. Um, äh ...
DONNY	Del. Halt die Klappe.
DEL	Um, äh ...
DONNY	Sieh mal, was ich auf dem Boden gefunden habe. *(Sie geht zu einem Tischchen und kommt mit einer kleinen gerahmten Fotografie zurück und gibt sie DEL.)*
DEL	*(Pause)* Wann war das ...?
DONNY	*(gleichzeitig mit „das")* Als ich die Sachen für den Ausflug gepackt habe.
DEL	*(gleichzeitig mit „habe")* Hm ... Nein. Wann ist das gemacht worden?
DONNY	Ist es nicht komisch? Trotz allem? Was man so an Sachen findet? *(Pause)*
DEL	Hmh ...
DONNY	Was ist?
DEL	Ich kann das Bild nicht einordnen. *(Pause)*
DONNY	Wie meinst du das?
	(JOHN erscheint auf dem Treppenabsatz.)
JOHN	Welche Jacke? *Das* hatte ich vergessen. Meine Jacke einzupacken.
DONNY	*(zu DEL)* Welche Jacke?
JOHN	Das ging mir dauernd durch den Kopf.
DONNY	Welche Jacke soll er mitnehmen?
DEL	*(blickt von der Fotografie auf)* Hm? Wann bist du da oben gewesen?
DONNY	Wo?
DEL	Auf dem Boden.
DONNY	*(gleichzeitig mit „Boden")* Heute, als ich aufgeräumt habe.
DEL	*(meint die Fotografie, gleichzeitig mit „habe")*... *das* ist ja unglaublich ...
DONNY	Nicht *wahr* ...?

DEL	Wann, wann könnte das gemacht worden sein?
DONNY	Und ich habe das alte Plaid gefunden.
DEL	Das Plaid ...
DONNY	Die Decke, die wir immer im *Stadion* ...
JOHN	Welche Jacke?
DONNY	Welche?
JOHN	Wie kalt ist es da oben jetzt noch?
DEL	... ein Plaid ...
DONNY	Die Stadion-Decke.
JOHN	Wie kalt war es letzte Woche? Del?
DONNY	Nimm einfach deine normale Jacke mit.
JOHN	Meine blaue Jacke?
DONNY	Die Melton-Jacke?
JOHN	Was ist Melton?
DONNY	Die blaue Jacke. Deine Stoffjacke.
JOHN	Die wollne?
DONNY	*(zu DEL)* Ist es zu kalt dafür?
DEL	Nein.
DONNY	Dann nimm sie mit.
JOHN	Meine *blaue* Jacke.
DONNY	Ja.
JOHN	Habe ich überhaupt noch Pullover?
DONNY	Da oben?
JOHN	Ja.
DEL	Ich glaube schon.
DONNY	Da bin ich mir sicher.
JOHN	Meinst du wirklich?
DEL	Sie müßten in deiner Kommode sein.
JOHN	Und, das Angelzeug. Ist das da?
DONNY	Das Angelzeug. Das haben sie mit zurückgebracht. Letzte Woche, John. Es ist alles ...
JOHN	... das haben sie zurückgebracht.

DONNY	Ja. Es ist oben auf dem Boden ...
JOHN	*(gleichzeitig mit „Boden")* Du hättest es in der Hütte lassen sollen.
DONNY	Es ist auf dem Boden. Du wirst es oben schon finden.
DEL	... wir hatten Angst ...
DONNY	... sie wollten nicht, daß es gestohlen wird.
JOHN	Und die Angelschnur. Haben wir die gute Schnur?
DEL	*(gleichzeitig mit „Schnur")*... wir hatten Angst, es würde geklaut werden.
JOHN	... die gute, schwere Schnur ...?
DONNY	... wie bitte, John ...?
JOHN	Die Angelschnur.
DONNY	Ich bin sicher, du. Ja. Angelschnur. In derselben Kiste.
JOHN	Grün? Die grüne?
DONNY	... ich ...
JOHN	Die grüne Schnur? In der Kiste mit dem Angelzeug? Denn wenn nicht, müssen wir unterwegs anhalten, und ...
DONNY	... ich bin ...
JOHN	Dad hat gesagt, daß die grüne Schnur ...
DEL	Was ist daran so besonders?
DONNY	Mach die Kiste auf.
JOHN	... denn wenn nicht ...
DONNY	Such die Kiste.
DEL	Was ist daran so besonders?
JOHN	Sie ist sehr stark.
DONNY	Such die Kiste, mach sie auf und sieh nach.
JOHN	Dann werden wir's wissen.
DONNY	Das sag ich dir doch. *(JOHN geht die Treppe hinauf und ab.)*
DEL	Backbord geht's raus, Steuerbord nach Haus.
DONNY	Und zieh dir was an. *(Pause)*
DEL	*(über die Fotografie)* ... wann ist das gemacht worden?

DONNY	Ich schwöre. Er ist ...
DEL	Wie? Naja, er kann eben schlecht einschlafen.
DONNY	Es ist alles so rätselhaft.
DEL	Findest du?
DONNY	Unsere guten Absichten sind alle ...
DEL	Ein Ereignis. Jagdausflug. In den Wald. Dein Vater ...
DONNY	... hmhm.
DEL	... ein Ereignis.
DONNY	*(Pause)* Es vergeht so schnell.
DEL	Manches bleibt. *(Pause)* Freundschaft ... *(Pause)* Bestimmte Gewohnheiten.
DONNY	Es vergeht so schnell ... *(Pause)*
DEL	Wirklich?
DONNY	Manchmal wäre ich gerne Mönch.
DEL	Hm ... wie war das?
DONNY	Ich wäre gern ein Mönch.
DEL	Wie würde das gehn?
DONNY	Ein alter Mann, zum Beispiel ...
DEL	... hmmmm ...
DONNY	... und alle seine Söhne sind längst über alle Berge.
DEL	... eine orientalische Phantasie.
DONNY	Ganz recht.
DEL	„Nebel"... „Gebirge"... Und so weiter.
DONNY	... hmmm ...
DEL	Und was macht dieser Mann?
DONNY	Der Mönch.
DEL	Ja.
DONNY	Sitzt. Er sitzt und schaut hinaus auf sein ...
DEL	Hm. Tja, das ist eine Form der Meditation ...
DONNY	Schaut hinaus auf sein Reich.

DEL	Tja, ich bin sicher, du wärst sehr gut darin.
DONNY	Du bist sehr freundlich.
DEL	Wie? Ich bin sehr freundlich, ja. *(Pause)* Denn es *ist*. Eine *Form*. Der Meditation. *(Pause)* Wie eigentlich alles.
DONNY	Hm.
DEL	Die Kunst der Fotografie hat etwas Verführerisches.
DONNY	Denn manchmal scheint mir, je älter ich werde, desto weniger weiß ich.
DEL	Tja, es ist rätselhaft. Die ganze verdammte Sache.
DONNY	Ja, nicht wahr ...?
DEL	Ich denke schon. *(Pause)* Geht so schnell. Vergeht so schnell.
DONNY	Nein, ich muß mich mal ausruhn.
DEL	*(über die Fotografie)* Also, wenn wir uns das hier anschauen, sehen wir, daß der Baum weg ist. Wann war das?
DONNY	*(für sich)* Ausruhn wie in der Phantasie ... *(Pause)*
DEL	... Oh, oh, oh, was machst du dieses Wochenende ...?
DONNY	Weiß ich nicht.
DEL	Du weißt nicht, was du dieses Wochenende machst.
DONNY	Ich werd einfach dasitzen.
DEL	Hier sitzen.
DONNY	Ja.
DEL	Willst du Gesellschaft?
	(JOHN *kommt zurück, in eine karierte Wolldecke gehüllt.*)
DONNY	Nein. Das ist nicht angezogen.
JOHN	... ich ...
DONNY	Du ziehst dir auf der Stelle was Richtiges an. *(Pause)* Was noch? *(Pause)*
JOHN	Ich hab sie zerrissen.
DONNY	Was hast du zerrissen?
JOHN	Ich hab die Decke zerrissen. Es tut mir leid.
DONNY	Du hast sie zerrissen?
JOHN	*(gleichzeitig mit „zerrissen")* Ich machte die Kiste auf. Da muß

	ein Nagel gewesen sein. Ich habe etwas reißen gehört ... *(Er zeigt den Riß in der Decke.)*
DONNY	*Du sagst,* du hast *die* Decke zerrissen?
JOHN	Ich hörte etwas ...
DONNY	John ...
JOHN	Ich hab es zu schnell gemacht. Ich weiß, ich habe es gehört.
DONNY	*(gleichzeitig mit „gehört")* John, das ist schon vor einer Ewigkeit passiert.
JOHN	Ich habe es reißen gehört.
DONNY	Nein, das ist schon eine Ewigkeit her.
JOHN	*(gleichzeitig mit „her")* Ich habe sie nicht zerrissen?
DONNY	Nein.
JOHN	Ich habe das Reißen gehört.
DEL	Das hast du vielleicht in deiner Einbildung gehört ...
JOHN	... aber ...
DONNY	Nein, die haben wir schon vor einer Ewigkeit eingerissen.
DEL	Ich glaube, dir schießt jetzt alles kreuz und quer durch den Kopf.
DONNY	Ist schon gut, John. Es ist gut. Geh nach oben. Und zieh dir endlich etwas an ... *(Pause)*
JOHN	Sie ist mit einer Schnur zugebunden.
DONNY	Ich versteh dich nicht.
JOHN	Die Kiste mit dem Angelzeug.
DONNY	Die Kiste ...
JOHN	... mit der Angelschnur ...
DONNY	... dann mach sie eben *auf.* Und ...
JOHN	Ich krieg sie eben nicht auf. Das sage ich doch. Ich wollte die Schnur losmachen, aber ...
DEL	*(holt ein Messer hervor)* Damit geht's bestimmt.
JOHN	Ich kann sie nicht ...
DEL	... geht das in Ordnung ...?
DONNY	... Wenn du dich nicht ausruhst, bevor ...
DEL	*(zu DONNY)* Ist das in Ordnung?

DONNY	Was?
DEL	Darf er das Messer haben?
DONNY	... das Messer haben ...
DEL	... um die Schnur zu zerschneiden ...
DONNY	*(gleichzeitig mit „zerschneiden")* Was würde dein Vater sagen?
JOHN	Ist in Ordnung.
DONNY	In Ordnung?
JOHN	Ja.
DONNY	Es ist in Ordnung, daß du ...
JOHN	... ja. Aber ja.
DONNY	... daß du das Messer hast.
JOHN	Ja. Woher hast du das Messer überhaupt?
DONNY	Mein *Gott*, John ... beruhige dich jetzt doch.
JOHN	Nein.
DONNY	Wie bitte?
JOHN	Ich kann nicht.
DONNY	... warum nicht?
JOHN	Der Tee, die Decke ...?
DONNY	Ich verstehe nicht.
JOHN	Ich *warte* nur darauf.
DEL	Du wartest worauf?
JOHN	„Das Dritte Unglück."
DEL	„Das Dritte Unglück."
DONNY	Das dritte ...?
JOHN	Ich will sehen, was das Dritte Unglück ist.
DONNY	Was meint er damit?
JOHN	Es steht in dem Buch.
DEL	Aller Unglücksdinge sind drei.
DONNY	Wo ist das Buch übrigens?
JOHN	Aller Unglücksdinge sind drei.
DONNY	Das Dritte Unglück. Ich erinnere mich. Ja.

JOHN	Es steht in dem Buch.
DONNY	Moment. Wann haben wir das Buch zuletzt gesehn?
JOHN	Das ist schon lange her.
DONNY	Ha. Und du erinnerst dich noch daran?
JOHN	Natürlich erinnere ich mich daran.
DONNY	Das ist aber seltsam.
JOHN	„Wenn wir an Krankheit denken, droht die Krankheit schon", sagte der Zauberer.
DEL	... Das hat der Zauberer gesagt.
DONNY	Wo ist das Buch?
DEL	Es wird sich schon irgendwann wiederfinden.
DONNY	Nein, haben wir es am See liegenlassen?
JOHN	Aller Unglücksdinge sind drei.
DONNY	Na gut, was sind die drei Unglücksfälle?
JOHN	Die Lanze und der Kelch; die Lanze wurde zerbrochen vom Herrn der Nacht, der Kelch wurde verbrannt ...
DONNY	Ja. Nein. Nicht in dem Buch, hier.
JOHN	Was hier die anderen sind?
DONNY	Die drei Unglücksfälle.
JOHN	*Hier.*
DONNY	Ja.
JOHN	Na gut. Erstens: Die Kanne, die Teekanne ist kaputt gegangen.
DONNY	Das ist ein Unglück, ja. Und?
JOHN	Die Decke.
DEL	... die Decke.
DONNY	Was ist damit?
JOHN	... zerrissen ...
DONNY	Nein, sie ist *nicht* zerrissen. Das ist schon vor langer Zeit passiert.
JOHN	Ich *dachte*, ich hätte sie jetzt zerrissen.
	(Der Teekessel pfeift. DONNY *geht ab.)*

DONNY   Die ist schon vor langer Zeit zerrissen. Du brauchst dir keine Vorwürfe zu machen.
JOHN   ... ich *dachte*, ich hätte sie zerrissen.
DEL   Aber in der Wirklichkeit, weißt du, entfalten sich die Dinge ... unabhängig von der Angst, die wir vor ihnen haben.
JOHN   Ich weiß nicht, was du meinst.
DEL   Nur weil wir denken, etwas ist so und so, heißt das noch lange nicht, daß es auch wirklich so sein muß.
JOHN   Die Decke ist schon vor langer Zeit zerrissen?
DEL   Das hat deine Mutter gesagt.
JOHN   Aber wie?
DEL   Tja ...
JOHN   Hast du meinen Hut gesehn?
DEL   ... ob ich ...?
JOHN   In der Hütte?
DEL   Was ist das für ein Hut?
JOHN   Eine graue Mütze.
DEL   Wie meine, nur grau?
JOHN   Ja.
DEL   Das weiß ich nicht mehr.
JOHN   Eigentlich nicht wie deine, sie ist ...
DEL   Ich kann mich nicht erinnern.
JOHN   Nein, sie ist eigentlich nicht so wie deine, sie ist ...
DEL   Wie unterscheidet sie sich von meiner?
JOHN   Sie ist. Ich hab dich auf die falsche Fährte gesetzt. Sie sieht überhaupt nicht so aus wie deine.
DEL   Dann weiß ich nicht, welche du meinst.
JOHN   Meinen grauen Hut. Er hing am Haken.
DEL   Haken ...
JOHN   ... Neben der Tür. In der Hütte.
DEL   Ich kann mich nicht erinnern.
JOHN   Nein? Warum nicht?

DEL	Weil ich ihn nicht gesucht habe. *(Pause)* Weißt du was. Ich werde dir ein Spiel verraten.
JOHN	Ein Spiel?
DEL	Das du spielen kannst. Du mit deinem Vater. Da oben. Na? Um „deine Sinne zu schärfen". *(Pause)* Um dir „beim Kampieren in der Wildnis zu helfen".
JOHN	Ich mit meinem Vater.
DEL	Ja.
JOHN	Kennt er das Spiel?
DEL	Das könnte gut möglich sein.
JOHN	Hat er es dir beigebracht?
DEL	Nein. Ich habe es alleine gelernt.
JOHN	Hm.
DEL	Und. Falls er es nicht kennt, kannst du es *ihm* beibringen.
JOHN	Gut.
DEL	Ja? Bestimmt?
JOHN	Ja, bestimmt. Du mußt mir nur sagen, wie das Spiel geht.
DEL	Es geht so:... ihr schreibt eure ...
JOHN	„... um unsere Sinne zu schärfen ..."
DEL	Ihr schreibt eure *Erinnerungen* auf. An das, was ihr gesehen habt. Am Tag. Dann vergleicht ihr sie.
JOHN	Das versteh ich nicht.
DEL	Um zu sehen, wer am besten beobachtet hat. Was ihr am Tag beobachtet. Das schreibt ihr dann am Abend auf. Als Prüfung für eure Beobachtungsgabe. *(Pause)* Was in der Hütte ist, zum Beispiel. Oder im Wald. Und dann läßt sich erkennen, wessen Gedächtnis genauer ist. *(Pause)* Verstanden?
JOHN	Wer genauer ist.
DEL	Richtig. *(Pause)*
JOHN	Und wofür ist dieses Spiel nützlich?

DEL	Wenn du dich verirrt hättest, könnte es dir bei der Orientierung helfen.
JOHN	Müssen wir vorher beschließen, daß wir die Dinge beobachten? Oder geht es auch mit Dingen ...
DEL	... beides wäre möglich.
JOHN	... also beides, Dinge, die wir von vornherein beobachten wollten, und Dinge, die uns erst hinterher einfallen.
DEL	Ganz recht.
JOHN	Aber etwas könnte das Dritte Unglück gewesen sein, auch wenn es schon vor langer Zeit passiert ist. *(Pause)*
DEL	Wie das denn?
JOHN	Es könnte sein, daß das Dritte Unglück schon vor langer Zeit passiert ist. Wenn keiner *bemerkt* hat, als es passiert ist, oder ...
DEL	„Damals ..."
JOHN	Ja, oder vergessen hat, mitzuzählen ...
DEL	... ich ...
JOHN	... und wir es erst jetzt erkannt haben ... Und was können wir außerdem noch aussuchen. Zur Beobachtung, außer der Hütte?
DEL	Was noch? Einfach *alles*. Den Teich, den ...
JOHN	... woher hast du das Messer?
DEL	Das Messer.
JOHN	Ja.
DEL	Hab ich dir doch gesagt. Dein Vater hat es mir geschenkt.
JOHN	Er hat dir sein Kriegsmesser geschenkt.
DEL	Ja.
JOHN	Sein *Piloten*messer ...?
DEL	Ja. *(Pause)*
JOHN	Aber den Teich könnten wir uns nicht aussuchen.
DEL	Wieso nicht?
JOHN	Weil er sich ständig verändert. *(Pause)* Wann?

DEL	... wann was?
JOHN	Hat er es dir geschenkt?
DEL	Aha.
JOHN	Wann?
DEL	Letzte Woche. Als wir im Wald waren.
JOHN	Oh.
DEL	Stört dich das?
JOHN	Nein.
DEL	Aha.
JOHN	Was soll das heißen?
DEL	Gar nichts.
JOHN	Warum hast du „Aha" gesagt?
DEL	Mir ist etwas eingefallen.
JOHN	Was?
DEL	Etwas eben. *(Pause)*
JOHN	Wir könnten uns den Teich nicht aussuchen.
DEL	Den Teich?
JOHN	Zur Beobachtung.
DEL	Nein? Wieso nicht?
JOHN	Weil er sich verändert.
	(DONNY kommt mit einem Teetablett zurück. DEL macht den Teetisch frei, nimmt sich die Fotografie.)
DEL	Na, dann suchst du dir eben was anderes aus.
JOHN	Was denn?
DEL	Etwas, das sich nicht verändert. *(meint die Fotografie)* Wer, wer, was *ist* das?
DONNY	Das ist der See.
DEL	Aber bitte, ich weiß, wo es ist, ich kann mich nur nicht ...
DONNY	... was?
DEL	... ich kann mich nicht daran erinnern.
DONNY	... du hast das Foto so oft gesehn ...
DEL	... Ich kann mich trotzdem nicht erinnern.

JOHN	Du machst aber ein sonderbares Gesicht. *Mutter:* macht er nicht ...
DONNY	Ganz ruhig. John.
DEL	... Ach ja?
JOHN	Du schmunzelst. *(zu DONNY)* Ich bin ganz ruhig.
DEL	... wann ist das gemacht worden? *(DONNY sieht sich die Fotografie an.)*
DONNY	Tja, das Bootshaus steht noch ...
DEL	*(zu JOHN)* Darf ich nicht schmunzeln?
DONNY	... also muß es ...
JOHN	Es sieht dir gar nicht ähnlich.
DONNY	*(meint die Fotografie, zu DEL)* Du kannst dich nicht daran erinnern?
DEL	Nein.
DONNY	Wirklich nicht?
DEL	Nein. Wann ist es gemacht worden?
DONNY	*(gleichzeitig mit „worden")* Na schön: das Bootshaus steht, also kann ich dir das *Jahr* sagen. Das Bootshaus steht, aber die *Birke* ist gefällt, also: es ist vor dem Krieg ...
DEL	... es müßte vor dem Krieg sein ...
DONNY	*(gleichzeitig mit „sein")* Moment mal ... *(JOHN gähnt und setzt sich auf die Couch.)* Oh, John; wirst du müde?
JOHN	Wann kommt Dad nach Hause?
DONNY	Wenn er kommt, ist er da. Denk ich mal.
JOHN	... ich möchte ihm dies Spiel erklären.
DEL	*(meint die Fotografie)* Ich erinnere mich an das Hemd.
DONNY	... er kommt bald nach Hause, John.
DEL	... ist das Roberts Hemd?
DONNY	Was?
DEL	Das ich anhabe.
DONNY	Auf dem Foto ...
DEL	Ja ...

DONNY	... ich ... *(Pause)*
DEL	Verstehst du mein Problem? *(Pause)*
DONNY	Na gut: Kannst du das Muster erkennen?
DEL	Er ist eingeschlafen.
DONNY	*Endlich. (Pause)* Er meint, er hätte die Decke zerrissen.
DEL	Ich glaube, daß dieser Ausflug für ihn eine „Bedeutung" hat.
DONNY	Del, dies Problem hat er schon immer gehabt.
DEL	Nein, ich bin nämlich auf eine „Spur" gestoßen.
DONNY	Nein, du kommst zehn Jahre zu spät. Weißt du, Robert hat immer gesagt: wir waren darüber geteilter Meinung. Von Anfang an. Und seine Theorie lautete: „Laß das Kind weinen." Und jetzt bin ich mir nicht mehr so sicher.
DEL	Nein, dieser Ausflug ...
DONNY	Del, er findet immer einen Grund ...
DEL	Er ist ein empfindlicher Junge ...?
DONNY	... was das auch heißen mag.
DEL	Ich glaube, es heißt ... Ja, aber in *diesem* Fall hat er es mir im Grunde verraten.
DONNY	... und?
DEL	In *diesem* Falle heißt es, er ist *eifersüchtig*.
DONNY	Eifersüchtig.
DEL	Auf meinen Ausflug. Letzte Woche mit Robert.
DONNY	Er war eifersüchtig?
DEL	Ganz recht.
DONNY	Aber wieso äußert sich das gerade *jetzt*? Und ich sag dir noch etwas. Soll er doch eifersüchtig sein. Na und? Ja. Meiner Meinung nach muß er mehr Zeit mit seinem Vater verbringen; und, ja, meiner Meinung nach muß er lernen, daß die Welt sich nicht allein um ihn dreht. *(Pause)* O Gott. Weißt du was? Nein. Du hast recht. Es sind Schuldgefühle. Schuldgefühle. Ich bin schuldig. Ich muß mal ein Wochenende allein für mich verbringen. Und die Schuld frißt mich auf.

DEL *(meint die Fotografie)* Wer hat das Bild gemacht? *(Pause.* DONNY *sieht auf das Bild.)*
DONNY Das weiß ich nicht.
DEL Na? Wer hätte es gemacht haben können?
DONNY Hm. *(Pause)* Ich weiß nicht ...
DEL Siehst du? Wenn wir alle drauf sind? *(Pause)* Deswegen kann ich mich auch nicht daran erinnern.
DONNY Ich ... *(Pause)* Ist das nicht komisch?
DEL Deswegen kann ich mich nicht dran erinnern. *(Pause)* Ich wußte, es muß einen Grund haben. *(Pause)*
DONNY Mein Gott, was ich da oben für *Zeug* gefunden habe.
DEL ... da oben ...?
DONNY Auf dem Dachboden. Die Stadion-Decke, die ...
DEL Die hab ich wiedererkannt.
DONNY Die Decke. Na, das will ich doch hoffen.
DEL Wie konnte er auf den Gedanken kommen, daß er sie zerrissen hat?
DONNY ... Ich ...
DEL Er kennt sie doch seit Jahren.
DONNY ... verdammt lang her ...
DEL Ja, nicht wahr ...?
(Pause)
Weißt du, im Hotel. Ich sammle da so Sachen. Es wundert mich. Ich miste mein Zimmer aus. Alle paar Monate. Es wundert mich. Ich meine immer, daß ich es leer lasse. Aber wenn ich es ausmiste. Finde ich jede Menge Sachen, die ich angehäuft habe.
DONNY Was, was für welche hauptsächlich?
DEL Papiere. *(Pause)*
DONNY Ich bin wieder an der Stelle gewesen.
DEL Wirklich?
DONNY Ich bin zu Fuß hingegangen. Ja.

DEL	Kürzlich?
DONNY	Ja. *(Pause)*
	Und ich erinnerte mich. An die Zeit, als wir drei dort immer waren. Spät nachts. Vor dem Krieg.
DEL	Ich erinnere mich.
DONNY	Und *Robert* und ich. Wir liebten uns unter der Decke. Und ich habe mich gefragt. Nach all den Jahren, wieso es mir nie eingefallen ist. Ich weiß nicht. Aber ich fragte mich. Ob du uns gehört hast, und wenn ja, ob es dich verstört hat. *(Pause)*
DEL	Und darüber hast du dir die ganze Zeit den Kopf zerbrochen.
DONNY	So ist es.
DEL	Ach, Donny.
DONNY	Hat es dich verstört?
DEL	Du bist ein Schatz ...
	du bist ein Schatz, daß du dir Sorgen machst.
DONNY	Ich frage dich.
DEL	Nun, ich ...
JOHN	*(wacht auf)* Was haben sie gesagt? Was?
DONNY	Schlaf wieder ein, John.
JOHN	Ich war auf dem Weg. Aber du hast gesagt, ich sollte, ich sollte ihnen ... *(Pause)* Ich sollte ihnen was bringen ... *(Pause)*
DONNY	John:
JOHN	... hm ...
DONNY	Es ist schon gut.
JOHN	Worüber haben sie geredet?
DONNY	John ...
JOHN	Ich ...
	Was? *(Pause)* Ist mein Vater schon zurück?
DONNY	Nein. Warum gehst du nicht einfach ins Bett ...
JOHN	Wann kommt er zurück?
DONNY	Bald, glaube ich.

JOHN	Wirklich?
DONNY	Ja. Zufrieden?
JOHN	*(über die Fotografie)* Du hast gefragt, ob das Hemd, das du anhast, sein Hemd ist.
DEL	Wie?
JOHN	... auf der Fotografie.
DEL	Ob das sein Hemd ist.
JOHN	Hast du gefragt.
DEL	Ja.
JOHN	Tja: sieht es *aus* wie sein Hemd?
DEL	Schwer zu sagen. Das Bild ist alt ...
JOHN	*(zu DONNY)* Ich habe die Decke nicht zerrissen?
DONNY	Nein.
JOHN	Bestimmt nicht?
DONNY	Die haben wir schon seit Jahren.
JOHN	Ich kann mich nicht daran erinnern.
DONNY	Doch. Würdest du aber. Wenn du mal zurückdenkst.
JOHN	Was war es für eine Decke?
DONNY	Was? Schlaf ein.
JOHN	Wozu hast du sie benutzt?
DONNY	Wozu ich sie benutzt habe? Zum Zudecken.
JOHN	Damit du nicht frierst.
DONNY	Ganz recht.
JOHN	Zum Zudecken.
DONNY	Ja.
JOHN	Wo kommt sie her? Die Decke.
DONNY	Woher? Aus England.
JOHN	England.
DONNY	Ja. Aus einer Passage.
JOHN	Passage ...
DONNY	Mit Geschäften auf beiden Seiten.

JOHN	Habt ihr sie zusammen gekauft?
DONNY	Nein. Ich habe sie gekauft, als er weg war.
JOHN	Weg war.
DONNY	Ja. Eines Tages.
JOHN	Als er im Krieg war.
DONNY	Ganz recht. *(Pause)*
JOHN	Hat er dir gefehlt, als er nicht da war?
DONNY	Ja. Er hat mir gefehlt.
JOHN	Woran hast du gedacht?
	(Pause)
DONNY	An vieles.
JOHN	An was genau hast du gedacht?
DONNY	Ich weiß nicht. An *vieles*.
JOHN	Hattest du Angst um ihn?
DONNY	Ja. Doch.
JOHN	Hast du ihm das gesagt?
DONNY	Wir haben viel unternommen. Ausflüge aufs Land, weißt du …
JOHN	Ist sie aus Wolle …
DONNY	Als er wieder hier war …
	Spaziergänge auf den *Feldern* oder …
JOHN	Ist sie aus Wolle?
DONNY	Wie bitte?
JOHN	Ist sie aus Wolle. Die Decke.
DONNY	Weißt du. Als du noch klein warst. Hast *du* darin geschlafen. Die ganze Zeit. Wir haben dich zugedeckt.
JOHN	Warum benutzt ihr sie nicht mehr?
DONNY	Wir haben sie weggelegt.
JOHN	Warum?
DONNY	Sie hatte einen Riß. *(Pause)* Und jetzt gehst du schlafen.
JOHN	Mutter – Hast du je das Gefühl, du hörst jemand singen?
DONNY	Ich weiß nicht, was du meinst.
JOHN	*Singen.*

DONNY	Ich weiß nicht, was du meinst, John.
JOHN	Nachts. Wenn du schläfst. Bevor du einschläfst.
DONNY	Ich weiß nicht.
JOHN	... und du hörst ...
DONNY	... es ist Zeit, du mußt jetzt ins Bett ...
JOHN	... oder meinst, du hörst ein *Radio* ...
DONNY	... ein Radio ...
JOHN	Das *Musik* spielt. Und du denkst dir: „Ja. Ich weiß. Das ist ein Radio." Und du hörst zu. Doch dann sagst du dir: „Das ist nur in meinem Kopf." Aber du kannst richtig *zuhören*. Es spielt weiter. *(Pause)* Oder *Stimmen*.
DONNY	Du hörst Stimmen?
JOHN	Kurz vor dem Einschlafen. Ist dir das jemals passiert? *(Pause)* Ich höre sie. Draußen vor meinem Zimmer.
DONNY	Was sagen sie?
JOHN	Ist dir das jemals passiert?
DONNY	Ich weiß nicht.
DEL	Was sagen deine Stimmen?
JOHN	*(gleichzeitig mit „Stimmen")* Sag mir, wie die Decke zerrissen ist.
DONNY	Du gehst jetzt schlafen, John
JOHN	Ich will meinen Vater sehen.
DONNY	Ja. Aber jetzt mußt du schlafen gehn.
JOHN	Es ist Zeit, schlafen zu gehn.
DONNY	So ist es.
JOHN	Ist es so?
DONNY	Du hast ein großes ...
JOHN	*Morgen.*
DONNY	Ja.
JOHN	Da werde ich es machen, weißt du.
DONNY	Was denn?
JOHN	Das Spiel.
DONNY	... das Spiel.

JOHN	Bei dem man sich erinnern muß. Mit ihm.
DONNY	Das Spiel. Ja.
	(JOHN geht die Treppe hinauf.)
	Nimm die Decke mit.
JOHN	Bei dem man beobachten muß.
DONNY	Hmhm.
JOHN	... aber es müßte schon etwas sein, das uns beide überrascht.
DONNY	So ist es.
JOHN	Wenn wir uns umsehn.
	(Er geht weiter die Treppe hinauf, bleibt stehn und beugt sich über das Geländer des Treppenabsatzes und sieht hinunter auf den Kaminsims.)
JOHN	Also bitte ich meinen Dad. Als erstes. „Nenn mir den Namen eines *Gegenstandes*. Oder einer *Ansammlung* von Gegenständen" ...
	ihr wißt, was ich meine.
DEL	... ganz recht.
JOHN	„Während wir uns der Hütte nähern."
DONNY	Hmm ...
JOHN	Aber es muß nicht die Hütte sein.
DEL	Nein ...
JOHN	Es könnte *überall* sein ...
DEL	Ganz recht.
JOHN	Es könnte allüberall sein.
DEL	Ganz recht. Es muß nur etwas sein. Das ihr beobachten wollt.
JOHN	Ja.
	Es könnte auch genau hier sein ...
DEL	Das ist völlig richtig.
DONNY	*(geht mit Decke zu ihm und sagt gleichzeitig)*
	... und nimm die Decke mit ...
DEL	Gute Nacht. John.
	(JOHN nimmt vom Kamin einen weißen Umschlag.)

DONNY	*(meint den Umschlag)* Was hast du da?
JOHN	Gute Nacht.
DONNY	... was ist das?
JOHN	Ein Brief ...
	Es ist eine Nachricht für dich.
	(Sie nimmt den Umschlag und öffnet ihn.)
	Und es könnte auch etwas gleich hier sein, praktisch alles, was, nur müßte es etwas *Neues* sein, etwas, das uns ...
DONNY	... ganz recht ...
JOHN	... *überraschen* würde.
DONNY	... wann ist das hier gekommen ...?
JOHN	... verstehst du?
DONNY	John. Geh jetzt ins Bett. Sofort. Ja.
JOHN	Verstehst du?
DONNY	Geh ins Bett.
JOHN	Schon gut. Ich verstehe. Ich geh ja schon.
	(JOHN geht ab.)
DEL	Was ist das?
DONNY	Ein Brief für mich. *(Pause)*
DEL	Ein Brief. *(Pause)* Was steht drin?
DONNY	Mein Mann verläßt mich.
DEL	Er verläßt dich. *(Pause)* Warum sollte er das tun wollen ...?

Ende von Teil Eins

Zwei

Am nächsten Abend.
JOHN im Bademantel und DONNY

JOHN Ich dachte, daß da vielleicht gar nichts ist. *(Pause)* Ich dachte, daß gar nichts *da* ist. Dann sah ich auf mein *Buch.* Ich dachte: „Vielleicht ist da gar nichts in meinem Buch drin." Es ging darin um *Gebäude.* Vielleicht ist gar nichts *in* den Gebäuden. Und ... oder auf meinem Globus. Du kennst doch meinen Globus? Kennst du meinen Globus?
DONNY Ja.
JOHN Vielleicht ist gar nichts da auf dem Ding, das der Globus darstellt. Wir wissen nicht, was ist. *Wir* wissen nicht, ob es das alles gibt.
DONNY Ich habe es selbst gesehen. Vieles jedenfalls.
JOHN Oder in *Gebäuden*, in denen wir nicht gewesen sind. Oder in der *Geschichte*. In der *Geschichte* der Dinge. Oder im *Denken*. *(Pause)* Ich hab da *gelegen*, und vielleicht gibt es so etwas wie *Denken* gar nicht. Wer sagt denn, daß es das gibt? Oder Menschen. Und wir sind ein Traum. Wer weiß, daß wir hier sind? Niemand weiß das. Wir sind ein Traum. Wir *träumen* bloß. Ich *weiß* es doch. Denn sonst ... denn sonst ... *(Pause)* ... und woher wissen wir das, was wir wissen? Wir wissen nicht, was wirklich ist. Und dann tun wir nichts andres, als daß wir immer nur irgendwelche Dinge *sagen*. *(Pause)* Wo kriegen wir die *her*? Und, oder, daß alles immer weitergeht. *(Pause)* Oder daß wir *geboren* sind. Oder daß die Toten klagen. Oder daß, oder daß es eine *Hölle* gibt. Und daß wir vielleicht dort sind. Vielleicht gibt es Menschen, die dort *gewesen* sind. Oder, oder warum sollten wir uns die Hölle vorstellen? Das eben weiß ich nicht. Und vielleicht ist auch *alles* wahr. Es ist vielleicht wahr, daß ich hier *sitze* ...

DONNY	Johnnie.
JOHN	Ja ...?
DONNY	Ich meine ...
JOHN	... meinst du nicht?
DONNY	... du mußt jetzt ...
JOHN	Nein. Muß ich nicht.
DONNY	Bitte, bitte, tu's trotzdem.
JOHN	Ich will aber nicht.
	(DEL *tritt auf, er meint jetzt* DEL.) Genau das meine ich. Ich will nicht ... du hast doch nicht, Mutter. Mutter ...
DONNY	(*zu* DEL) Hast du ...
DEL	(*gleichzeitig mit „du"*) Nein.
DONNY	Hast du ihn gefunden?
DEL	(*zu* JOHN) Wie geht's dir? (*zu* DONNY) Nein.
JOHN	Ganz gut.
DONNY	Wo hast du gesucht?
DEL	Im *Windemere*, und dann hab ich bei *Jimmy* vorbeigeschaut.
DONNY	Hast du's im *Eagle* versucht?
DEL	Nein. (*Er packt seine Papiertüte aus.*) Wie hat er ...
DONNY	*Warum* nicht? *Warum* nicht?
DEL	Entschuldige ... aber warum nicht was?
DONNY	(*gleichzeitig mit „was"*) Warum bist du nicht in den ...
DEL	... Ich dachte, du wolltest da anrufen.
DONNY	Wieso sollte ich da anrufen, wenn sie mir doch nur sagen, daß er nicht *da* ist? Selbst wenn er da ist ...?
DEL	(*gleichzeitig mit „ist"*) Ich dachte, du wolltest da anrufen.
DONNY	(*gleichzeitig mit „anrufen"*) Nein. Das habe ich nie gesagt.
DEL	Na gut, dann hab ich mich geirrt.
	(*Er gießt Sirup aus einer Arzneiflasche auf einen Löffel. Es stehen mehrere andere Flaschen herum.*)
DONNY	Wieviel hat das gekostet?
DEL	Ich hab gesagt, sie sollen es auf deine Rechnung setzen.

(Mit dem Löffel in der Hand zu JOHN)
Mund auf, Augen zu.

JOHN   Ich will das Zeug nicht einnehmen.
DONNY Du wirst es schlucken, und dann wirst du schlafen.
JOHN   Nein. Ich bin nicht müde.
DONNY Du nimmst die Medizin. Hörst du mich? Du bist *krank*, und du mußt ins Bett.
JOHN   Ich kann nicht schlafen.
DEL   ... deshalb ...
JOHN   Immer wenn ich einschlafe, sehe ich Dinge ...
DONNY Du mußt ...
DEL   Deshalb mußt du eben die Medizin einnehmen, John.
JOHN   *(gleichzeitig mit „John")* Nein. Ich bin nicht müde.
DONNY Willst du lieber ins Krankenhaus?
JOHN   Nein.
DONNY Nein? Hast du gehört, was der Doktor gesagt hat?
JOHN   Nein.
DEL   ... was hat er gesagt?
DONNY Ich will, daß du sofort ins Bett gehst.
DEL   Du hörst, was deine Mutter sagt.
JOHN   Nein. Nein.
DONNY Johnnie ...
JOHN   Niemand versteht das. Ihr meint, ich hab mich in irgendwas *rein*ge... Ihr wißt ja nicht, was in mir vorgeht.
DEL   Was denn? *(Pause)* Hast du Angst, ins Bett zu gehn?
JOHN   Ja.
DONNY Warum?
DEL   Wovor hast du Angst im Bett?
JOHN   Ich weiß nicht.
DONNY Ich ... ich ... ich weiß, es jagt dir *Angst* ein ...
JOHN   Ich will nicht schlafen gehn.
DEL   Schon gut, schon gut, ich verspreche dir ... sieh mich an.

John. Ich verspreche dir, wenn du dies einnimmst und ... wenn du dies einnimmst und nach oben gehst, wirst du keine Angst mehr haben. Das verspreche ich. *(Pause)* Das verspreche ich dir. *(Pause)*

JOHN   Ich schwitze die Laken durch ...
DEL   Wir wechseln die ...
JOHN   ... das *Bett* ist naß.
DEL   Wir wechseln, wir wechseln die Laken, du brauchst dir keine Sorgen zu machen.
DONNY Du kannst dich in mein Bett legen.
DEL   ... leg dich ins Bett deiner Mutter. *(Pause)* Da kannst du dich hinlegen.
JOHN   Ich schwitze die Laken durch.
DEL   Das macht nichts. Hörst du, was ich dir sage ...?
       (Pause)
JOHN   Ja, vielleicht ... ja, vielleicht geh ich ... vielleicht leg ich mich einfach dort hin.
DONNY Ja. Leg dich jetzt hin. Und jetzt schluckst du das hier.
       (DEL gibt JOHN die Medizin.)
JOHN   Wißt ihr, warum ich das genommen habe, ich bin nämlich müde.
DEL   Das bist du bestimmt.
JOHN   ... denn ich bin den ganzen Tag aufgewesen ...
DEL   Das weiß ich. Und ich weiß auch, wie einem dann zumute ist.
JOHN   Ich ... ich ...
DONNY ... geh jetzt ins Bett.
DEL   John? „Mein Segen ruhe auf diesem Haus ...", sagte der Zauberer.
       (Pause. JOHN fängt an zu weinen.)
JOHN   Wann kommt mein Vater mich abholen ...?
DONNY Schsch.
JOHN   ... Nein. Ich verstehe das nicht.

DONNY	Sch. Ist schon gut.
JOHN	Was ist mit mir los ...?
DONNY	*(umarmt ihn)* Es ist alles gut. Hsch. Geh ins Bett. Ist schon gut. John. Hsch. Du hast nur Fieber. Sch ...
DEL	... dir fehlt nichts ...
DONNY	Geh jetzt nach oben. Hsch. Geh jetzt nach oben, John ... *(Sie geht ein Stück mit ihm die Treppe hinauf und kommt dann zurück.)*
DEL	... Ich habe überall gesucht, wo ich meinte, da könnte er sein ...
DONNY	Tut mir leid.
DEL	Aber ich konnte ihn nicht finden. *(Pause)* Möchtest du etwas trinken?
DONNY	Nein. *(Pause)*
DEL	Es tut mir leid, daß ich ihn nicht gefunden habe. *(Pause)* Möchtest du, daß ich noch einmal losziehe?
DONNY	Nein. *(Pause)*
DEL	Möchtest du Casino spielen?
DONNY	Nein.
DEL	Nein, du hast recht, das ist Blödsinn. Ogottogott, was für ein Blödsinn. *(Pause)* Möchtest du Gin-Rommé spielen?
DONNY	Del ...
DEL	Ja. Verstehst du nun, was ich meine, wenn ich über mich rede? *(Pause)* Aber möchtest du vielleicht doch?
DONNY	Trinken wir was.
DEL	Jaja. Ich weiß, ich habe meine Grenzen. *(DEL geht zum Schnapsschrank und sieht die Flaschen durch)* Nur eine, und die ist noch nicht angebrochen.
DONNY	Macht nichts. Mach sie auf. Es reicht. Es reicht für einen Tag. Was soll's. *(Er nimmt die Flasche heraus, holt sein Messer hervor und öffnet sie damit.)*
DEL	Ich glaube, das tut dir gut. *(Pause)*

	Weißt du, warum ...?
	Es ist eine Zeremonie. Der, der Öffnung des ähm ...
DONNY	Eine Zeremonie.
DEL	Der ... ja was für eine? Der Berauschung, natürlich, ... der Zusammengehörigkeit ... ich weiß auch nicht.
	(Er geht in die Küche, kommt mit zwei Gläsern und der Flasche zurück und füllt die beiden Gläser.)
DONNY	Danke.
DEL	Äh ... Tage kommen, Tage gehn ... *(Pause)* Na, *das* steht wirklich fest ...
DONNY	Ach ja?
DEL	Ich glaube schon. *(Pause)* Tage kommen und gehn.
DONNY	Und mögen wir immer so ...
DEL	Ja.
DONNY	So ...
DEL	Vereint zusammenstehn ...
DONNY	Also, können wir nicht etwas Rührenderes finden.
DEL	Na gut ... so ver... ver... so verträumt? Nein, das ist nicht das Wort, das ich gebrauchen möchte ... so vertraut-verlobt ...? Nein.
DONNY	So nahe ...
DEL	Ja.
DONNY	Einander so nahe.
DEL	Wie wir es jetzt gerade sind. *(Pause)*
DONNY	Schön.
DEL	*(Pause)* Und ... Möge der Geist der Freundschaft ... *(Pause)* ach, hol's der Teufel. Ich meine, können zwei Menschen denn nicht einmal nur so einen trinken ... in Gottes Namen? *(Sie trinken.)* Denn, denn das schwör ich dir, ich glaube nämlich, es kommt viel zuviel auf einen zu. An Versuchungen ... an Widrigkeiten ... *(Pause)* und du kannst nicht, kannst nicht immer nach den ...
DONNY	Nach den Antworten suchen ...

DEL	Eben.
DONNY	... du hast völlig recht ...
DEL	Wenn du dich nur selbst beobachtest. Trink noch einen. *(Pause)* Weißt du, in Zeiten der Anfechtung ...
DONNY	Hmhm ...
DEL	Hörst du eigentlich, was ich dir sage?
DONNY	Ja.
DEL	... und sie kommen für uns alle.
DONNY	... Herrgott
DEL	Ja. Doch. Oft ergibt sich die Antwort. Wenn man auf andere zugeht. Oder, weißt du? Wenn man sich betrinkt.
DONNY	... wenn man trinkt.
DEL	Weil, weißt du wieso? Weil du dann vergißt. *(Pause)* Und mir ist es scheißegal. *(Pause)* In diesem Dreckloch. *(Pause)* ... Gut. Ich will mich darüber nicht ausmären. *(Pause)* Du trinkst, und dann, wenn du dich wieder erinnerst – und das ist das Gute daran – wenn du dich wieder erinnerst ... *(Pause)* Dann ist es viel später. Und die Zeit hat dir, weißt du, sie hat dir einen bestimmten Zeitabschnitt so weit umnebelt, daß du ihn vergessen hast. *(Pause)*
DONNY	„Du solltest heiraten."
DEL	„Es müßte schon ein liebes Wesen sein."
DONNY	„Die finden wir für dich."
DEL	„Würdet ihr das?" *(Pause)* Auch wenn wir Scherze darüber machen. *(Er seufzt.)* Möchtest du, daß ich noch einmal nach John sehe?
DONNY	Der fängt sich schon wieder.
DEL	Hast du dich schon wieder gefangen?
DONNY	Ja.
DEL	Tut mir leid, daß ich Robert nicht gefunden habe.
DONNY	*(gleichzeitig mit „nicht")* ... Das ist ...
DEL	Ich habe ihn gesucht, aber ...

DONNY	Das ist schon ...
DEL	Ich habe ihn nicht gefunden. Ich dachte wohl, daß – nach all den Dingen, die ich gesagt habe – daß es keine gute Idee wäre, ihn herkommen zu lassen. *(Pause)* Aber was geht denn das mich an? *(Pause)* Nichts. Wirklich nichts.
DONNY	Ist schon in Ordnung.
DEL	Überhaupt nichts. Aber ich habe ihn gesucht. *(Pause)*
DONNY	*(nach langer Pause)* Tja ...
DEL	Es ist wahrscheinlich schon Schlimmeres passiert. *(Pause)* Es ist so ein Schock.
DONNY	Wie sehr wir auch ...
DEL	Was?
DONNY	Wie bitte?
DEL	Wie sehr wir auch was ...?
DONNY	Wir hätten es ahnen können.
DEL	Wie denn?
DONNY	Er wollte es dir sagen.
DEL	Was soll das heißen?
DONNY	Er hat dir das Messer geschenkt.
DEL	Ich versteh nicht ganz.
DONNY	Die seltsame Geste. *(Pause)* So ist es doch.
DEL	Ich versteh immer noch nicht.
DONNY	Du verstehst die Geste nicht?
DEL	Nein.
DONNY	Es war sein Abschiedsgeschenk. *(Pause)* Abschied. *(Pause)* Großes deutsches Messer. Sein Kriegsandenken. Kennst du seine Bedeutung?
DEL	... Bedeutung ...
DONNY	Du weißt, wofür es gut ist.
DEL	Das Messer.
DONNY	Ja.
DEL	*(Pause)* Zum Schneiden.

DONNY	Ich meine den spezi...
DEL	Den spezifischen Zweck? Nein. Nein. Eigentlich, *nein*.
DONNY	Es ist ein *Piloten*messer ...
DEL	... ja. Das weiß ich ...
DONNY	Wenn er gezwungen wäre, mit dem Fallschirm abzuspringen ...
DEL	Ja.
DONNY	Würde der Pilot damit die Gurte durchschneiden. Wenn sein Fallschirm hängengebliebe wäre.
DEL	So. Hängengeblieben? Und woran?
DONNY	An einem Baum.
DEL	Ach, du meinst bei der Landung.
DONNY	Ja.
DEL	So. *(Pause)*
DONNY	Und das ist die Bedeutung. *(Pause)*
DEL	... ja ...
DONNY	Als er gezwungen war, im Stich zu lassen, was ...
DEL	Ja. *(Pause)* Als er gezwungen war, im Stich zu lassen, was ihn ... *(Pause)* Er suchte nach *Sicherheit*, und das Messer, es zerschnitt ... Es machte ihn „frei".
DONNY	Ja. So ist es.
DEL	... wie jedes andere Werkzeug ...
DONNY	Und dir hat er es geschenkt.
DEL	Er kann sehr großzügig sein. Ist das in Ordnung? Mir ...
DONNY	Ja. Nein. Doch, das kann er. *(Pause)* ... was soll ich machen? Sag du mir das. Ja. Er konnte großzügig sein. Was weiß *ich*.
DEL	... er machte eine Dose auf. Damit. Und ich sagte ... tatsächlich hat er gesehn, wie ich ihm auf das Messer sah. Und er hat es abgewischt. Und mir geschenkt. *(Pause)*
DONNY	Als ihr draußen wart. Letzte Woche.
DEL	Stimmt genau – *(Pause)*
DONNY	Verrat mir doch, worüber ihr geredet habt.
DEL	Worüber wir geredet haben. Im Wald.

DONNY	Ja.
DEL	Wir haben über dich geredet.
DONNY	Über *mich* ...?
DEL	Ja. *(Pause)*
DONNY	Was hat er gesagt?
DEL	Wie glücklich er gewesen ist.
DONNY	Wirklich.
DEL	Das hat er gesagt.
DONNY	Wie kannst du das denn verstehen. *(Pause)* Wie in aller Welt ...
DEL	Es tut mir so leid.
DONNY	Hast du gewußt, daß er mich verläßt?
DEL	Nein.
DONNY	Hattest du eine Ahnung?
DEL	Nein.
DONNY	Nein? Wirklich nicht?
DEL	Woher sollte ich?
DONNY	... er hat dir nicht etwa ...
DEL	Nein. Was hat er nicht ...?
DONNY	Ein Zeichen gegeben ...?
DEL	Ein Zeichen. Nein.
DONNY	Wie können wir verstehen, wie ... *Männer*, weißt du. Wie ... Männer ...
DEL	Ich will dir mal was erzählen. Ist sowieso schon komisch, wenn zwei erwachsene Männer im Wald gemeinsam ein Zelt aufschlagen. *(Pause)* Na gut. *(Pause)* Hah. Ich bin ein Großstadtmensch. *(Pause. Dann zeigt er das Messer.)* Und jetzt bin ich auch noch ein Waldläufer. *(Pause)* Ich bin Ranger ... hast du gewußt, daß es eine Bruderschaft gibt, die Rechtmäßiger Orden der Waldläufer heißt?
DONNY	Ja.

DEL	Das hast du gewußt?
DONNY	Ja. Klar. *(Pause)*
DEL	Was die wohl so treiben. *(Pause)*
DONNY	Hast du gesagt, er hat dir das Messer geschenkt, als ihr zelten wart?
DEL	Ja. *(Pause)*
DONNY	Als ihre beide zusammen zelten wart. Letzte ...
DEL	Letzte Woche. Ganz recht. *(Pause)*
DONNY	Da hat er dir das Messer geschenkt.
DEL	Ja. Er machte gerade eine Dose auf mit ... *(Pause)* Wieso? *(Pause)* Wieso fragst du?
DONNY	Ich habe es auf dem Boden gesehn. Als ich dort oben war. Um die Sachen zu verstauen.
DEL	*(Pause)* Welche Sachen?
DONNY	Als ich die Camping-Sachen nach oben brachte. Letzte Woche. *(Pause)* Nach eurem Ausflug. Als ihr zurückkamt.
DEL	Ich versteh dich nicht.
DONNY	Als ihr zurückkamt, letzte Woche, Robert und du.
DEL	... ja ...
DONNY	Von eurem Ausflug. Ich bin auf den Boden gegangen. Um seine Sachen zu verstauen. Und das Messer war da oben. *(Pause)* Es war schon da.
DEL	Naja, vielleicht ist er ja gleich als erstes nach oben gegangen, um es zurückzulegen.
DONNY	... Wie?
DEL	Ich sage, vielleicht ist Robert gleich als erstes auf den Boden gegangen, um es zurückzulegen. Als wir zurückkamen. Als wir aus dem Wald zurückkamen. *(Pause)* Ich bin ganz sicher, so ist es gewesen. *(Pause)*
DONNY	Du sagst also, er ist auf den Dachboden gegangen, um es wieder zurückzulegen.
DEL	Ja. Denn es war ihm lieb und teuer.

DONNY	Das verstehe ich nun wieder nicht.
DEL	Es war ein *Kriegs*andenken. Es war ihm so *teuer*, daß er auf den Boden gegangen ist und es dir überließ, die andern Sachen zu verstauen ... aber er ist auf den Boden gegangen und hat das Messer selbst wieder in die Kiste gelegt. *(Pause)*
DONNY	Wie bist *du* dann an das Messer gekommen? *(Pause)*
DEL	Wie?
DONNY	Wie bist du zu dem Messer gekommen?
DEL	Er hat es mir geschenkt.
DONNY	Versteh ich nicht.
DEL	Er hat es mir geschenkt.
DONNY	Wie konnte er es dir schenken?
DEL	Wie?
DONNY	Du sagst, er hat es dir geschenkt, als ihr draußen im Wald wart. *(Pause)* Wie konnte er es dir draußen im Wald schenken, wenn es hier in der Kiste lag, als ihr zurückkamt? *(Pause)*
DEL	Dann muß es zwei Messer geben. *(Pause)*
DONNY	Ich ... ich versteh nicht ganz.
DEL	Es muß zwei Messer geben.
DONNY	Was?
DEL	Jede Wette, wenn du jetzt in der Kiste nachsiehst, wirst du's sehen. Es gab noch ein Messer.
DONNY	Ja. Nein. Moment mal ... Wann hat Robert dir das Messer geschenkt?
DEL	Ich meinte ... ist das nicht komisch? Ich war mir ganz sicher, er hat mir das Messer im Wald geschenkt. Da muß ich mich wohl geirrt haben. *(Pause)* Hmh. *(Pause)* Es sei denn, nein ... Hmh!... Ich ... ich weiß nicht. *(Pause)* Es ist mir ein Rätsel. Es sei denn ...
DONNY	*Moment*!
DEL	Was?
DONNY	Er kam die Treppe rauf. Er kam nach oben. Auf den Dachboden!

DEL	Wer?
DONNY	Ich verstaute gerade die Sachen. Er sagte. Ja. „Laß die Kiste offen." *(Pause)* Er hat es aus der Kiste *raus*genommen. Als du zurückkamst. Er hat es nicht *rein*gelegt. Er ist auf den Boden gegangen, um es zu *holen*. *(Pause)*
DEL	Das könnte sein.
DONNY	Wie meinst du das?
DEL	Naja, so ungewöhnlich ist das nicht.
DONNY	Was ist das schon.
DEL	... wenn jemand so was tut. *(Pause)*
DONNY	Hat er das getan?
DEL	Schon möglich. Ich glaube ja. Doch. Ich glaube, *das*, ähm, genau *das* hat er getan. Glaube ich. *(Pause)*
DONNY	Warum hast du mich angelogen?
DEL	Ich habe nicht gelogen. Meine Erinnerung hat mich getäuscht.
DONNY	Warum hast du gelogen?
DEL	Ja wenn ich, dann war es gewiß, ähm, du weißt schon ...
DONNY	Was?
DEL	Es war ...
DONNY	Ihr wart nicht im Wald.
DEL	Wer?
DONNY	Du und Robert.
DEL	Das ist doch lächerlich!
DONNY	Ihr wart gar nicht weg.
DEL	Das ist ...
DONNY	... Ja ...?
DEL	Weil, ja weil, weil ... was *sagst* du denn da zu mir? Soll, soll ich etwa dafür angeklagt werden!
DONNY	Wofür?
DEL	Na, das mein ich doch grade.
DONNY	Was hast du getan?

DEL	Ich. Warum sagst du das? Mein Gott nochmal!
DONNY	Was hast du getan? Ich frage Robert.
DEL	Den wirst du nicht finden!
DONNY	Was soll das heißen?
DEL	Er wird dir nichts sagen. *(Pause)* Na gut. *(Pause)* Aber: Ich will dir etwas verraten: Ich wußte, daß ich das Messer nicht annehmen durfte.
DONNY	Warum hast du es angenommen?
DEL	Weil, weil er es mir *geschenkt* hat.
DONNY	Warum? *(Pause)*
DEL	Hmh. Tja, das ist die *Frage. (Pause) Das* würdest du wohl gerne *wissen. (Pause)* Nicht wahr? Ja. Dann könntest du nämlich sagen: „Der alte Del, den wir immer für eine so treue Seele gehalten haben."„... Ich weiß, was du meinst. Glaub mir. *(Pause)* Das kannst du mir glauben.
DONNY	Warum hat er dir das Messer geschenkt?
DEL	Das willst du nicht wissen.
DONNY	Doch.
DEL	Bestimmt nicht, glaub mir. *(Pause)* Damit ich den Mund halte. Kapiert? Na also. Bist du jetzt glücklich? Na siehst du, das hab ich dir gleich gesagt.
DONNY	Damit du den Mund hältst über was? *(Pause)*
DEL	Wir waren nicht im Wald.
DONNY	Was?
DEL	Wir waren nicht *weg*! Muß ich's für dich laut rausschreien ...? Wir sind zu Hause geblieben. Was meinst du denn? Daß er durch die Wildnis latscht ... mit mir ...? Um sich übers *Leben* zu unterhalten? Bist du *blöd*? Bist du *blind*? Er würde nicht ums Verrecken einen Augenblick mit mir verbringen. Einem armen Perversling ... „Das ist mein alter Freund Del ..." Du spinnst, du bist blöd, wenn du meinst, daß es so gelaufen

ist. *(Pause)* Er hat mein Zimmer benutzt, kapiert? Er sagte: „Del, kann ich dein Zimmer benutzen." Ist das so verrückt? So. Jetzt hab ich's dir gesagt. Jetzt kannst du besser schlafen. Ich hab dir gesagt, frag nicht. Sag mir nicht, ich hab's dir nicht gesagt. *(Pause)*

DONNY   Er hat dein Zimmer benutzt.
DEL   Völlig richtig.
DONNY   Warum? *(Pause)*
DEL   Um sich da mit einer Frau zu treffen. *(Pause)* Und jetzt, und jetzt weißt du die Wahrheit. Wie schwach ich bin. Wie „schlecht" ich bin. Er hat gesagt: „Ich hab da was zu erledigen", „Ich will, daß es so aussieht, als wäre ich weg." Ich habe die ganze Woche, *ich* habe in meiner, meiner Nische in der *Bibliothek* geschlafen. In meiner Anglermontur ... und du weißt ja gar nicht, wie blöd *das* ausgesehen hat! *(Pause)* Ich ... ich habe praktisch auf diesen Augenblick gewartet. Ich wußte, daß ich es dir sagen mußte. Das ist das einzig Schlimme, das ich dir je angetan habe. Es tut mir leid, daß es auf diese Weise rausgekommen ist. Aber wir können uns nicht immer aussuchen, wie ... *(Pause)*
DONNY   Hau ab. *(Pause)* Hau ab.
        (DEL geht ab. Pause.)
DONNY   *(fängt an zu weinen. Pause).* Bobby. Bobby. Bobby.
        (JOHN kommt im Bademantel herein. Pause.)
JOHN   Bist du tot?
DONNY   Was?
JOHN   Bist du tot? *(Pause)*
DONNY   Warum sagst du das?
JOHN   *(gleichzeitig mit „das")* Ich hörte dich rufen.
DONNY   Geh wieder ins Bett, John
JOHN   Ich hörte Stimmen ...
DONNY   ... geh bitte wieder ins Bett.

JOHN	... und ich dachte, das wärst du. *(Pause)*
DONNY	Das war ich auch.
JOHN	Und da hab ich mir gesagt: „... da hat jemand Kummer." Und ich bin auf und abgegangen. Hast du die Schritte gehört?
DONNY	Nein.
JOHN	... und dann bin ich hinausgegangen. Ich sah eine Kerze. Im Dunkeln.
DONNY	Wo war das?
JOHN	In meinem Zimmer. Dort hat sie gebrannt. Ich sagte: „Ich bin vollkommen allein." Das habe ich zu mir selbst gesagt: „Ich bin vollkommen allein." Und ich glaube, ich habe es sehr lange gesagt. Denn ich hatte ja nichts zum Schreiben. Ist dir das auch schon mal passiert?
DONNY	Ich weiß es nicht, John.
JOHN	Also bin ich heruntergekommen, um es aufzuschreiben. Ich weiß zwar, daß da oben auch was zum Schreiben ist. Aber ich will nicht danach suchen. *(DONNY geht zu ihm und wiegt ihn in ihren Armen.)* Glaubst du, das war richtig?
DONNY	Hsch.
JOHN	Glaubst du, das war richtig von mir?
DONNY	Geh ins Bett.
JOHN	Mutter? *(Pause)*
DONNY	Was?.
JOHN	Glaubst du, das war richtig von mir?
DONNY	Ich weiß es nicht, John.
JOHN	Ich sah eine Kerze in meinem Zimmer.

Ende von Teil Zwei

Drei

Abends. Einen Monat später. Das Zimmer ist ausgeräumt. Mehrere Umzugskartons sind zu sehen. JOHN *sitzt auf einem davon.* DONNY *kommt mit einem Karton die Treppe herunter. Sie stellt ihn ab und will in die Küche.*

JOHN	Wo warst du?
DONNY	Ich setz den Kessel auf.
JOHN	*(gleichzeitig mit „auf")* Wo warst du?.
DONNY	Ich war oben an deinem Koffer.
JOHN	Den holen die Spediteure.
DONNY	Ich dachte, du würdest gern noch ein paar Sachen mitnehmen.
JOHN	Was für Sachen?
DONNY	Für die ersten Nächte. *(Pause)* Bis die Umzugskartons kommen. *(Sie geht in die Küche.)*
JOHN	Mutter.
DONNY	*(off)* ... ja ...
JOHN	Kommen dir manchmal Gedanken? *(Pause)* Mutter ...?
DONNY	*(off, gleichzeitig mit „Mutter")* Was? *(Pause)* Was, John? *(*DONNY *kehrt zurück.)* Was hast du gesagt?
JOHN	Ich habe dich gefragt. Kommen dir manchmal Gedanken.
DONNY	Was für Gedanken, John? *(Pause)*
JOHN	Wünschst du dir manchmal den Tod? *(Pause)*
DONNY	... ob ich mir den Tod wünsche?
JOHN	Ja. *(Pause)*
DONNY	Das weiß ich nicht.
JOHN	Doch, du weißt es.
DONNY	Nein, ich weiß es nicht, John.
JOHN	Doch. Du kannst es mir ruhig sagen. *(Pause)* Es ist gar nicht so schlimm. *(Pause)* Oder?
DONNY	Ich weiß es nicht.

JOHN	Doch. Und ob. *(Pause)* Und ob du es weißt.
DONNY	John: Es ereignen sich Dinge. In unserem Leben. Und deren Bedeutung ... ihre *Bedeutung* ... ist nicht klar.
JOHN	... ihre Bedeutung ...
DONNY	Genau. Jedenfalls nicht in dem Augenblick. Aber wir nehmen an, daß sie eine Bedeutung haben. Das müssen wir. Und wir wissen nicht, worin sie besteht.
JOHN	Wünschst du dir manchmal den Tod? *(Pause)* Würdest du mir das sagen?
DONNY	Ob ich mir den Tod wünsche?
JOHN	Du kannst es mir ruhig sagen. Du erschreckst mich damit nicht.
DONNY	*(Pause)* Wie kann ich dir *helfen*? Verstehst du? *(Pause)* Verstehst du?
JOHN	Nein.
DONNY	An einem gewissen Punkt ... es sind eben Dinge geschehen, bei denen ich dir nicht helfen kann, ... die ...
JOHN	Ich kann nicht schlafen.
DONNY	Kein Wunder. Es ist schon ein großer Umbruch.
JOHN	... ich will ...
DONNY	... ja?
JOHN	Ich möchte gern in die Blockhütte.
DONNY	... aber ...
JOHN	Ich will an den See.
DONNY	Aber nein, John, das können wir nicht. Du weißt, das können wir nicht.
JOHN	Das weiß ich nicht.
DONNY	Nein. Wir können es nicht.
JOHN	Deshalb kann ich nicht schlafen.
DONNY	Was willst du? Was soll ich tun? John? Ich bin nicht der liebe Gott. Ich beherrsche nicht die Welt. Wenn du darauf kommen könntest, was ich für dich tun könnte ... Wenn ich dir helfen könnte ... *(Aus dem Off ist das Pfeifen des Kessels zu hören.)*

JOHN	Wünschst du dir manchmal den Tod? *(Pause)* Es ist gar nicht so schlimm. Oder?
DONNY	Ich weiß, daß du Angst hast. Das weiß ich. Aber an einem bestimmten Punkt, verstehst du ...?
	(Pause. Sie geht ab.)
	(off) John, jeder Mensch hat eine Geschichte. Hast du das gewußt? In seinem Leben. Und dies ist deine Geschichte. *(DEL tritt auf.)*
	Und letzten Endes ... du wirst letzten Endes lernen müssen, wie du damit umgehst. Verstehst du? Ich rede jetzt mit dir wie mit einem Erwachsenen: Es kommt der Punkt ... An einem bestimmten Punkt müssen wir lernen, uns selbst ins Gesicht zu sehen ... Was für Tee ...
DEL	Hallo.
JOHN	Hallo.
DEL	Wie geht's dir heute?
JOHN	Gut.
DONNY	*(off)* Was für Tee?
DEL	Schön.
DONNY	*(off)* John?
JOHN	Was hat meine Mutter gesagt?
DEL	Ich wollte mit dir reden.
JOHN	*(gleichzeitig mit „reden")* ... was hat meine Mutter ...?
DEL	Sie wollte wissen, was du für einen Tee ...
DONNY	*(off)* John ...?
DEL	... Was für eine Sorte Tee du willst. Was für eine Sorte Tee möchtest du? *(JOHN steht auf und will gehen.)*
JOHN	Weiß ich nicht.
DEL	Ich möchte mit dir reden, John.
JOHN	Worüber?
DEL	Verschiedenes.
JOHN	Wann kommt mein Vater?

DEL	Ich möchte dir gerne etwas sagen.
JOHN	Ich muß nach oben.
DEL	Könntest du einen Augenblick warten? *(JOHN geht ab.)* John ...
DONNY	*(off)* Verstehst du? Man muß weitermachen. Das ist alles, was wir sagen können. Ich rede mit dir wie mit einem Erwachsenen. *(DONNY kommt mit einem Tablett herein. Pause)* Wo ist mein Sohn?
DEL	Ich weiß nicht. Er ist nach oben gegangen. *(Pause)*
DONNY	Hmm.
DEL	Ganz recht.
DONNY	Wie geht es meinem Mann?
DEL	Ich habe keinen Kontakt zu ihm.
DONNY	Nein?
DEL	Ich bin gekommen, um mit dir zu reden. Und dem Jungen.
DONNY	Nun, wie es scheint, ist er nach oben gegangen.
DEL	Aha.
DONNY	Was hast du so dringend zu sagen?
DEL	*(Pause)* Was ich getan habe, tut mir leid. *(Pause)* Sind wir Menschen nicht ein komischer Haufen? Was wir so alles tun. *(Pause)* Und was wir dann darüber sagen. Man sollte meinen, wenn es eine „Gottheit" gäbe, würden wir alle in der Hölle schmoren. *(Pause)* Schweine, die wir sind. Aber wir machen weiter. *(Pause)* Ich habe dir etwas mitgebracht.
DONNY	So?
DEL	Wie du siehst.
DONNY	Und damit soll ich dich wieder in Gnade aufnehmen?
DEL	Womit könnte ich das erreichen?
DONNY	Mit nichts von dem, was du mir bringst.
DEL	So. *(Pause)* Hier ist ein Buch. Übrigens dein Buch. Ich habe es die ganzen Jahre gehabt. Vielleicht hat das meine Seele so verdorben. Du weißt doch, es heißt: Es sind nicht die Sünden, die wir begehen, die uns zerstören, sondern unsere Taten, nach-

dem wir sie begangen haben. Ist das eine kleine nützliche Weisheit? *(Pause)* Ich fand sie immer nützlich. *(Pause)* Und hier ist das deutsche Pilotenmesser. Ich *mußte* es einfach herbringen. Ich dachte: „Aber wozu würde sie es haben wollen?" Aber es ist, natürlich, nicht für dich. Es ist eine Versöhnungsgabe. Für den Jungen.

DONNY Für den Jungen ...
DEL Ja. Denn er sollte es haben. Oder nicht?
DONNY Sollte er?
DEL Ja.
DONNY Warum?
DEL Weil ich ihn betrogen habe.
DONNY Du hast ihn betrogen.
DEL Ja.
DONNY Hast du nicht mich betrogen?
DEL Was sollte ich dir denn bringen. Blumen?
DONNY Dem Jungen hast du aber das Messer gebracht.
DEL Ganz recht.
DONNY Nein, du stellst mich vor ein Rätsel.
DEL *Ich* habe es nicht verdient. Es gehört seinem Vater, es ist sein, ähm, wie sagt man noch gleich? „Kriegs"-Andenken. Eine „Kampf"-Trophäe ... Dir habe ich das Bu...
DONNY ... es ist keine „Kampf"...
DEL Dir habe ich das Buch mitgebracht ...
DONNY Es ist keine Kampftrophäe.
DEL Nun ja, es ist ein Kriegsanden...
DONNY Es ist keine Kampftrophäe.
DEL Was es auch ist.
DONNY Es ist keine ...
DEL *Na wenn schon.* Er hat es im Krieg erbeutet. Ich wollte den Jungen nicht um das bringen, was ...
DONNY Er hat es nicht im Krieg erbeutet.

DEL	*Wirklich.*
DONNY	Nein.
DEL	Nein. Das deutsche Messer.
DONNY	Nein.
DEL	Aber selbstverständlich.
DONNY	Nicht im „Gefecht".
DEL	Ach. Hat er nicht ...?
DONNY	Nein. Nicht im „Gefecht". Nein.
DEL	Er hat es nicht im Gefecht erbeutet.
DONNY	Nein.
DEL	Das hat er sehr wohl.
DONNY	Wie sollte er denn?
DEL	Na, sag's mir schon. Wie denn sonst? Es ist ein *Kriegs*anden...
DONNY	Er war *Flieger*. Verstehst du?
DEL	Nein.
DONNY	Er war Flieger.
DEL	Versteh ich nicht.
DONNY	Er war in der *Luft*. Konnte er das Messer in der Luft erbeuten?
DEL	Ich komm nicht ganz mit.
DONNY	Konnte er es in der Luft erbeuten? Du „warmer Vogel"? Konnte er das Messer seinem Gegner in der Luft abnehmen? Bist du blöd.
DEL	*(Pause)* Wie ist er dann dazu gekommen?
DONNY	Was meinst du wohl?
DEL	Ich weiß es nicht.
DONNY	Aber was meinst du denn?
DEL	Ich weiß es nicht. Deshalb frag ich doch.
DONNY	Er hat es gekauft.
DEL	Er hat das Messer gekauft.
DONNY	Ganz recht.
DEL	Das Kampfmesser.
DONNY	Hmhm.
DEL	... das er mir geschenkt hat.

DONNY	Ja.
DEL	Wo?
DONNY	Bei einem Mann. Auf der Straße. In London.
DEL	Hmh. *(Pause)* Du sagst, er hat das Messer gekauft. Und du hast gedacht, das würde mich verletzen. *(Pause)* Und du hast natürlich recht.
DONNY	... dich zu verletzen.
DEL	Na, das wußtest du doch.
DONNY	Warum würde dich das verletzen?
DEL	Ach, das hast du nicht gewußt.
DONNY	Nein.
DEL	Warum hast du es dann gesagt?
DONNY	Ich ...
DEL	Warum hast du es dann gesagt? Entschuldige, daß das Souvenir, das er mir geschenkt hat und das als Kriegsandenken mit bestimmten „Assoziationen" verbunden ist, daß es ihm gar nichts bedeutet hat. Und was weiß *ich* schon vom Krieg? Ich wohne in einem *Hotel*. *(Pause)*
DONNY	Ich wollte dich nicht verletzen.
DEL	Ach, weißt du, wenn wir doch die Wahrheit sagen könnten. Ein einziges Mal. Dann wären wir frei. *(Pause)* Ich hätte es sowieso wegschmeißen sollen. *(Pause)* Wie könnte ein Messer das richtige Geschenk für ein Kind sein? Nein, aber das wissen wir doch. Wir kommen mit unseren ... unseren kleinen „Geschenken". Und nimm dein Buch. Es ist dein gottverdammtes Buch. Ich hatte es im Hotel. Die ganzen Jahre. Ich habe es mir geliehen und nie zurückgebracht. Wie findest du das? Na? Seit vielen Jahren. So lange hab ich es schon. So falsch kann doch kein Mensch sein. Nimm es. Ich hasse es. Ich hasse die ganze verdammte Entwicklung. Hier hast du's. Behalt das verfluchte Ding. *(Er gibt ihr das Buch.)*

DONNY Es ist dein Exemplar.
DEL Wirklich?
DONNY Ja.
DEL Woher weißt du das?
DONNY Es steht dein Name drin.
DEL Wo? *(Sie zeigt es ihm.)* Hah. Das ist ja komisch ... *(Über das Buch)* Das *ist* mein Exemplar ... das ist ja komisch. *(Pause)* Denn ich hatte mich schon gefragt, was ich damit gemacht habe ... mit dem kleinen dummen Ding. *(Er liest.)* „,Mein Segen ruhe auf diesem Haus', sagte der Zauberer ..."
Weißt du, wie lange ich danach gesucht habe? *(Pause)* Hah. *(Pause)*
DONNY Du bist vielleicht komisch.
DEL Ich bin erbärmlich. Das weiß ich. Das brauchst du mir gar nicht zu sagen. Das Leben, das ich führe, ist der reinste Schrott. Ich hasse mich. Ach ja. *(Pause)* Aber ... *(Pause)* Aber ich würde gerne mit dir reden. *(Pause)* Wenn ich dürfte. *(Pause)* Trotz allem ...
DONNY Trotz allem ...
DEL Was geschehen ist. *(Pause)*
DONNY Warum?
DEL Weil es Dinge gibt. Die ich schon seit langem sagen wollte. Um, äh ... seit langem „sagen" wollte ... Und vielleicht mußte das erst passieren. Ist das nicht komisch. Wenn du mir gestatten würdest. Gut. Danke. Schon seit langem ...
(JOHN erscheint auf der Treppe.)
DONNY *(Pause)* Ja? Ja, John ...?
JOHN Mir ist kalt. Entschuldigung. *(Pause)* Mir ist kalt. Alles rast in meinem Kopf. Ich ...
DONNY Was denn? *(Pause)*
JOHN ... ich glaube ...
DONNY ... was kann ich dagegen tun?

JOHN	Ich ...
DONNY	Was kann ich *tun*, John?
JOHN	Ich weiß nicht.
DONNY	Was erwartest du von mir?
JOHN	Ich weiß nicht.
DONNY	So.
DEL	... darf ich mit ihm reden?
JOHN	Ich weiß es leider nicht. Ich weiß, daß ich an gewisse Dinge nicht denken sollte, aber ...
DEL	*(zu DONNY)* Darf ...?
JOHN	... aber ich ...
DONNY	John: John: Ich möchte dir gerne helfen. Paß auf: du mußt schlafen gehen. Du mußt schlafen gehen. Wenn du nicht schlafen *kannst*, bleib einfach *liegen*. Bleib im Bett liegen. An was du dabei denkst, ist deine Sache. Niemand kann dir helfen. Verstehst du das? *Letztlich* ist *jeder* von uns ...
JOHN	Wo ist die Decke?
DONNY	Ich ... *Jeder* von uns ...
JOHN	... ich will die Decke.
DONNY	Allein.
JOHN	... die *Stadion*-Decke.
DONNY	*(gleichzeitig mit „Stadion")* Ich habe sie weggepackt.
JOHN	Nein: Mutter ...
DEL	Darf ich mit ihm reden?
JOHN	Ich will sie haben.
DONNY	Ich habe sie weggepackt, John.
JOHN	Mir ist kalt. Könnte ich sie bitte bekommen.
DONNY	Sie ist eingepackt.
JOHN	Wo?
DONNY	In einem Karton. Oben auf dem Boden, glaube ich ...
DEL	*(gleichzeitig mit „glaube ich")* Sie ist auf dem Boden, John.
JOHN	Ich brauche sie. Mir ist kalt.

DONNY	*John ...* Jetzt ist aber gut.
JOHN	Ich ...
DEL	*(zu DONNY)* Vielleicht könnte er ...
DONNY	Sie ist verpackt in einem Karton.
DEL	Aber könnte er sie vielleicht trotzdem haben?
DONNY	Nein. Der Karton steht für die Spedition bereit.
DEL	Aber dürfte er sie haben?
DONNY	Der Karton ist verschnürt.
JOHN	Ich könnte ihn aufmachen.
DONNY	Schön. Die Decke ist auf dem Boden. In dem großen braunen Karton.
DEL	Hast du das?
JOHN	Ja.
DONNY	Mit der neuen Adresse drauf.
JOHN	Und ich darf ihn aufmachen. Den Karton?
DONNY	Wenn du dann schlafen gehst. Du mußt schlafen gehn. Hast du mich verstanden?
DEL	Das ist die Abmachung, verstehst du? John?
DONNY	Du darfst sie auspacken, wenn du dann schlafen gehst.
DEL	... ganz recht.
DONNY	Aber du mußt ...
DEL	Wir reden mit dir wie mit einem Mann.
DONNY	Aber du mußt versprechen ...
JOHN	... Ich verspreche es.
DONNY	... denn sonst ...
JOHN	Ich habe verstanden. Ich verspreche es. *(Pause)* Ich verspreche es.
DONNY	Hast du *verstanden*?
JOHN	Ja. Ja. Ich verspreche es.
DEL	Also gut, John. Gute Nacht.
	(JOHN geht ab. Pause)
DONNY	Glücklicher Junge. Er hat einen Beschützer. *(Pause)*
DEL	Also ...

DONNY	Meinst du nicht auch?
DEL	Donny, ich ...
DONNY	Weißt du. Wenn ich *einen* Mann finden könnte im Leben. Der mich nicht betrügt. *(Pause)*
DEL	Es tut mir leid.
DONNY	Das mein ich eben.
DEL	Es tut mir leid, daß ich dich betrogen habe.
DONNY	Das ist ja süß. Was bist du für ein Schatz. Wie kann man nur sauer auf dich sein? Es muß wohl an *mir* liegen.
DEL	Es tut mir leid, daß ich dich betrogen habe.
DONNY	Genau wie alle andern. Ihr seid doch alle gleich.
DEL	Es tut mir leid.
DONNY	Kannst du mir das vielleicht erklären? Warum? *(Pause)* Siehst du? Ich komm einfach nicht dahinter. Ich schieb es auf die „menschliche Natur"...
DEL	... ich weiß ...
DONNY	Ich weiß nicht, was unsere Natur ist. Aber wenn, dann ist sie schlecht.
DEL	... ich weiß.
DONNY	Dann ist sie *schmutzig*. Nein, du weißt es nicht. Du hast keine Ahnung. Alle Männer, die ich je kennengelernt habe ...
DEL	Und es tut mir so leid. Daß ich noch ein Jota dazu beigetragen habe, in meiner blöden ...
DONNY	... in dieser *Jauchegrube*.
DEL	Könnte ich ...
DONNY	*(Pause)* Nein. Es ist mir längst egal.
DEL	Könnte ich mit dir reden? Wer bin ich? Eine alte Tunte. Die in einem Hotel lebt. Eine treudoofe arme Seele, die dich liebt.
DONNY	Oh, bitte.
DEL	Nein – ich brauche deine Vergebung.
DONNY	Warum sollte ich dir vergeben?
DEL	Es würde dich glücklich machen.

DONNY	Nein, jetzt paß mal auf: sag mir ja nicht, daß ich deinetwegen ein Opfer bringen soll, und daß es in meinem eigenen Interesse ist. Kapiert? Denn jeder Mann, den ich je auf diesem Misthaufen kennengelernt habe ... Wag es ja nicht und komm in mein Haus, um das zu tun. Du Schwule Sau. Jeder Mann, den ich im Leben kennengelernt habe ...
DEL	Und, warum passiert das?
DONNY	Wie bitte ...?
DEL	Warum passiert das? Ist das vielleicht Zufall? Hältst du das für irgendein Geheimnis? Auf das du stößt? Was du bewirkst ...?
DONNY	Was ich bewirke ...?
DEL	Ganz recht.
DONNY	Was sagst du da?
DEL	Tja ...
DONNY	Du kannst es ruhig sagen.
DEL	Du willst es hören?
DONNY	O je. Spann mich nicht auf die Folter ... hm? Mein Gott nochmal: spann mich nicht auf die Folter, Bürschchen ...
DEL	Na gut. Seit einiger Zeit, seit ziemlich langer Zeit beobachte ich dich nun schon.
DONNY	Ach ja?
DEL	Ja, und ich habe über dich nachgedacht. Und den Jungen. Und ich bin zu folgendem Ergebnis gekommen: *(Pause)* *(JOHN erscheint oben auf der Treppe. Pause)*
DONNY	Ja. Ja, John, was ist?
JOHN	Ich ...
DONNY	Was? Was? Du hast *versprochen*. Hast du es *versprochen*?
JOHN	... ich ...
DONNY	... und das ist keine Kleinigkeit. Du ...
JOHN	Ich wollte bloß ...
DONNY	Ja, *was? Was?* „Du wolltest bloß ..." Du hast es ver...

JOHN	... ich wollte bloß ...
DONNY	IST MIR EGAL. Weißt du, was es bedeutet, wenn man sein ...
JOHN	... ich ...
DONNY	... sein *Wort* gibt? ES IST MIR EGAL.
JOHN	... ich ...
DONNY	Es ist mir egal. Hast du verstanden. Es ist mir egal. Du hast mir versprochen, daß du oben bleiben würdest.
JOHN	Ich ...
DONNY	Ist mir egal. Geh weg. Hau ab. Du hast mich angelogen.
DEL	Donny ...
DONNY	Ich liebe dich, aber ich kann dich nicht leiden.
DEL	Donny ...
DONNY	Weißt du, warum nicht? Du hast gelogen.
DEL	Laß mich ... Laß mich ... John: Also. Geh ins Bett. Nimm das Buch. Dies ist das Buch, John. Von dem wir gesprochen haben. Es war mein Exemplar. Jetzt gehört es dir. „Das hat der Zauberer gesagt." Es gehört dir. Und jetzt ab mit dir. Wenn du nicht schlafen kannst ...
JOHN	... Ich ...
DEL	Wenn du nicht schlafen kannst, lies das Buch. Es ist schon gut. Geh jetzt ins Bett. Alles ist gut. Und ab mit dir. *(Pause)*
JOHN	Ich muß die Schnur zerschneiden.
DONNY	Die Schnur.
JOHN	Um den Karton.
DONNY	Ich versteh nicht ganz.
JOHN	Um an die Decke zu kommen. Er ist zugebunden, ich ...
Del	Na gut. Geh in die Küche, hol dir ein, nein, die sind ja eingepackt. Sind sie eingepackt? Es ist alles verstaut, John. Die Messer sind alle verstaut. *(Pause)*
JOHN	Du hast gesagt, ich kann die Decke haben.
DEL	Naja
JOHN	Das hast du gesagt.

DEL	Dann wirst du eben ohne sie auskommen müssen. Aber es wird alles gut, das verspreche ich dir. Wir ...
DONNY	Gute Nacht, John.
DEL	Das hast du doch gehört. Es wird alles gut. Und jetzt gute Nacht.
JOHN	Du hast gesagt, ich kann die Decke haben.
DEL	Gute Nacht, John ...
	(JOHN *will abgehen.*)
DONNY	John? Del hat dir eine gute Nacht gewünscht. Hast du ihn gehört? *(Pause)*
DEL	Ist schon in Ordnung.
DONNY	John ...?
DEL	Ist schon in ...
DONNY	Nein. Ist es nicht. Ich rede mit dir. Komm auf der Stelle zurück. John? Er hat dir eine gute Nacht gewünscht. Komm sofort die Treppe wieder runter und entschuldige dich bei ihm.
DEL	Ist schon in Ordnung, Donny.
DONNY	John? Ich rede mit dir. Was muß ich tun?
DEL	Donn...
DONNY	Was muß ich tun? Daß du mich wie ein Tier behandelst.
DEL	Es ist ...
DONNY	Und sag mir bloß nicht, es ist in Ordnung, mein Gott nochmal. Wag es nur nicht, mir zu widersprechen.
DEL	Der Junge ...
DONNY	Wag es nur nicht, mir in meinem Hause zu widersprechen. Ich rede jetzt mit dir, John. Steh bloß nicht so unschuldig da. Ich habe dir eine Frage gestellt. Willst du, daß ich verrückt werde? Willst du das? Willst du das?
DEL	Deine Mutter redet mit dir, John.
DONNY	Willst du das?
DEL	Sie hat dich etwas gefragt.
DONNY	Siehst du denn nicht, daß ich Trost brauche? Bist du blind? Mein Gott nochmal ...

JOHN	Ich höre Stimmen.
DEL	John: deine Mutter wartet darauf, daß du ...
JOHN	Vor dem Einschlafen.
DEL	Deine Mutter wartet, John. Was möchte sie hören?
JOHN	... vor dem Einschlafen ...
DEL	Was möchte sie von dir hören?
JOHN	Ich weiß es nicht.
DEL	Ich glaube doch. *(Pause)* Was möchte sie von dir hören? *(Pause)*
JOHN	„Es tut mir leid."
DEL	Was?
JOHN	Es tut mir leid.
DEL	Na gut, erledigt.
JOHN	Du hast mir gesagt, ich kann die Decke haben.
DONNY	Gute Nacht, John.
JOHN	Du hast mir gesagt, ich kann die Decke haben.
DEL	Ja. Kannst du auch.
JOHN	Sie ist eingepackt.
DEL	Nimm das Messer. Wenn du fertig bist ... *(Er gibt dem Jungen das Messer.)*
JOHN	Ich kann nicht einschlafen.
DEL	Das ist jetzt deine Sache.
JOHN	Ich höre Stimmen. Sie rufen mich. *(Pause)*
DONNY	Ja. Glaub ich dir.
JOHN	Sie rufen mich.
DEL	Nimm das Messer und geh.
JOHN	Sie rufen meinen Namen. *(Pause)* Mutter. Sie rufen meinen Namen.

Ende

Donny: wenn ich einen Mann finden könnte in meinem Leben. Der mich nicht betrügt.

Dei: Ach, wenn wir doch die
Wahrheit sagen könnten –
ein einziges Mal. Dann wären
wir frei"

Enten Variationen

Der Schauplatz:

Ein Park an einem See am Rande einer großen Stadt.
Ein Nachmittag in der Osterzeit.

Die Personen:

EMIL VARE und GEORGE S. ARONOVITZ. Zwei Herren um die Sechzig.

Regieanweisung:

Dies ist ein sehr einfaches Stück.

Das Bühnenbild sollte nur aus einer Parkbank und vielleicht einem Abfalleimer aus Maschendraht bestehen.

Zu Beginn können die Schauspieler auf der Bank sitzen, oder sie können – einzeln oder gemeinsam – auf die Bühne kommen und sich dort treffen.

Alle Spielvorgänge bleiben den jeweiligen Schauspielern und Regisseuren überlassen.

Es sollte allerdings zwischen jeder Variation eine Pause geben – sie braucht nicht lang zu sein –, damit die Schauspieler Zeit zur Vorbereitung auf die nächste Variation haben.

Diese Pause entspricht dem Zeitraum zwischen den Sätzen bei der Aufführung eines musikalischen Werkes.

D.M.

Erste Variation

„Schön, der Park ist schön"

EMIL Schön.
GEORGE Der Park ist schön.
EMIL Man vergißt.
GEORGE ... erinnert sich.
EMIL Ich weiß nicht ...
GEORGE Was weiß man schon? Da ist ein Boot.
EMIL So früh?
GEORGE Ich denke schon, da ist es doch.
EMIL Ich frag mich, obs da draußen kalt ist.
GEORGE Da draußen, hier, es ist, wie es heute ist. Wie es *heute* ist, so ist es eben.
EMIL Aber das Boot bewegt sich ...
GEORGE Also ist es kälter im Verhältnis dazu, wie schnell das Boot fährt.
EMIL Das Wasser ist kälter als das Land.
GEORGE Also ist es kalt im Verhältnis zum Wasser.
EMIL Also herrscht auf dem Boot eine andere Temperatur als auf einer Bank.
GEORGE Die haben wahrscheinlich Pullover.
EMIL Da ist mehr als einer auf dem Boot?
GEORGE Wart mal, bis sie wieder vorbeikommen.
EMIL Wo sind sie denn hin?
GEORGE Dahinten, hinter die Pier, wo können sie schon hin?
EMIL Nicht weit ... es ist ein teures Boot.
GEORGE Für die da?
EMIL Nee.
GEORGE Wenn die das Geld für ein Boot haben, können sie es sich auch leisten.
EMIL Es ist nicht billig.

GEORGE Sag ich, es ist billig?
EMIL Selbst ein kleines Boot.
GEORGE Ich weiß, es ist nicht billig.
EMIL Selbst ein sehr kleines Boot ist teuer.
GEORGE Oft ist ein kleines Boot sogar noch viel teurer.
EMIL Aha.
GEORGE Hängt davon ab ...
EMIL Mmm.
GEORGE Von vielen Faktoren.
EMIL Mmm.
GEORGE ... die Größe des Bootes ...
EMIL Ja.
GEORGE ... der Motor ...
EMIL Ja. Die *Größe des Motors.*
GEORGE Gewiß doch, gewiß doch.
EMIL Die Geschwindigkeit des Motors.
GEORGE Viele Faktoren.
EMIL Die Geschwindigkeit des *Bootes.*
GEORGE Eben. Nichts davon ist billig. Es ist alles sehr verzwickt.
EMIL Autos.
GEORGE Boote, Autos ... Flugreisen. Das Militär. Das war niemals billig.
EMIL Wohnen.
GEORGE *(guckt)* Da sind zwei in dem Boot.
EMIL Ist es dasselbe Boot?
GEORGE Wie viele Boote haben wir heute gesehn?
EMIL Meine Frage.
GEORGE Eins.
EMIL *(guckt)* Noch ein Boot!
GEORGE Eins, zwei ...
EMIL Ein echter Klipper noch dazu.
GEORGE Wo?
EMIL Kuck ihn dir doch an!

GEORGE	Das?
EMIL	Was sonst? Los, Klipper!
GEORGE	Das?
EMIL	Getroffen.
GEORGE	Das ist die Wasserpumpe.
EMIL	Das?
GEORGE	Ja.
EMIL	Das?
GEORGE	Ja.
EMIL	Die Pumpstation?
GEORGE	Ja.
EMIL	Das ist die Wasserpumpe?
GEORGE	Ja.
EMIL	... sieh nur, wie sie schwimmt.
GEORGE	Mmm.
EMIL	Kuck sie dir an ... bleib ruhig sitzen.
GEORGE	Mmm.
EMIL	Das ganze Jahr über.
GEORGE	Da hast du recht.
EMIL	Was für ein Leben.
GEORGE	Enten.
EMIL	Wo?
GEORGE	Wo ich hinzeige.
EMIL	Aah.
GEORGE	Ein sicheres Zeichen für den Frühling.
EMIL	Herbst auch.
GEORGE	Hm-hm.
EMIL	... man sieht sie ...
GEORGE	Ja.
EMIL	Sie fliegen nach Süden.
GEORGE	Hm.
EMIL	Sie kommen zurück ...

GEORGE	Hmmm.
EMIL	Sie leben ...
GEORGE	Sie fliegen ...
EMIL	Ach.
GEORGE	Enten fliegen gern ...
EMIL	... ja?
GEORGE	Dahin, wos schön ist ...
EMIL	Hnh?
GEORGE	*Zu der Zeit!*
EMIL	Natürlich.
GEORGE	Sie sind einfach zum Fliegen bestimmt. Etwas in ihrem Innern sagt, es wird jetzt ein bißchen kalt ... ein bißchen zu kalt ...
EMIL	Wie die Menschen haben sie es nicht gern kalt.
GEORGE	Und so ziehn sie los.
EMIL	So ziehn sie los.
GEORGE	Und genauso, wenn es warm ist.
EMIL	Sie kommen zurück.
GEORGE	Sie haben einen Anführer. Einen Leitvogel. Er hebt ab ... Aber er bleibt beim Schwarm. Immer wieder. Er kommt, er zieht los. Er lernt die Route. Vielleicht hat er ein bißchen mehr auf dem Kasten.
EMIL	Aber die ganze Zeit über ist da noch ein anderer Leitvogel.
GEORGE	Natürlich. Doch dieser erste, er fliegt, er lebt, findet vielleicht eine Gefährtin ...
EMIL	Ja.
GEORGE	Und er w*artet* ... der *Leit*vogel ... wer weiß?
EMIL	Er stirbt.
GEORGE	Eines Tages, ja. Er stirbt. Er geht verloren ...
EMIL	Und unsere Ente rückt auf.
GEORGE	Unser Vogel ist jetzt der Anführer. *Er* ist es, der sie aus der einen Heimat in die andere führt. Sie alle kennen den Weg. In allen steckt das Wissen, wann es Zeit ist zu wandern ... aber *er* ... Er

	wird das Kommando haben, bis ...
EMIL	Ja.
GEORGE	Genauso wie der andere ...
EMIL	Das ist keine Schande.
GEORGE	Genau wie die Ente vor ihm ...
EMIL	Ihm ist es passiert, es muß auch *ihm* passieren.
GEORGE	Es kommt die Zeit abzutreten.
EMIL	Er stirbt.
GEORGE	Er stirbt, er hinterläßt ... etwas .... Und ein anderer rückt auf.
EMIL	Und *eines Tages*.
GEORGE	Ja.
EMIL	Wird ein anderer *seinen* Platz einnehmen.
GEORGE	Bis.
EMIL	Es ist *öde,* nur daran zu denken.

Zweite Variation

„Entenleben"

GEORGE	Weißt du, so ein Entenleben ist nicht nur ein Zuckerschlecken. So ein Vogel hat auch seine Sorgen. Er hat Flöhe und Läuse und leidet an Krankheiten. Sinnestäuschungen. An Flügelkrämpfen. Sexuellen Schwierigkeiten. Kommt vieles zusammen.
EMIL	Es ist kein leichtes Leben.
GEORGE	Nur am Anfang. Enten sind der Gnade aller Elemente in ihrer Umwelt ausgeliefert. Sonnenflecken. Fehlschläge. Wetterwechsel zur Unzeit.
EMIL	Ja.
GEORGE	Jäger. Unheil. Tornados. Fallen. Unzählige Flugzeuge.
EMIL	Böse kleine Kinder.

GEORGE	Kettenläden. Und natürlich der Große Blaureiher.
EMIL	Blaureiher?
GEORGE	Der Erbfeind der Ente.
EMIL	Ja?
GEORGE	Man nennt das Symbiose. Sie leben beide, um das Glück des jeweils anderen zu sichern. Die Blaureiher fressen die Enten, und die Enten ...
EMIL	Ja?
GEORGE	Die Rolle der Enten bei diesem Handel ...
EMIL	Ist es, von den Reihern gefressen zu werden?
GEORGE	Ist es. Ich komme zwar im Augenblick nicht drauf, aber die Sache ist nicht so einseitig, wie sie scheinen mag. Die Natur hat der Ente Geschwindigkeit und Ausdauer und die Kunst, sich zu verstecken, geschenkt. Sie hat den Reiher groß und unförmig und *blau* gemacht, damit er auf weite Entfernung gesichtet werden kann. Andrerseits zieht er Nutzen aus seiner Größe und der Möglichkeit zur Tarnung, sollte er auf etwas Blaues stoßen.
EMIL	Das dazu noch die Gestalt eines Vogels hat.
GEORGE	Nicht immer nötig. Der Kampf zwischen den beiden ist so alt wie die Zeit. Die Enten pflanzen sich fort, die Reiher fressen sie. Die Reiher vermehren sich und reiben sich in der endlosen Jagd auf die Enten so auf, daß ihr Bestand wieder abnimmt. So halten sie sich gegenseitig in Schach, die ganze Weltgeschichte hindurch, bis ein Band der unausgesprochenen Freundschaft und Achtung sie vereint, sogar noch in der Umarmung des Todes.
EMIL	Und warum kämpfen sie immer weiter?
GEORGE	Überleben des Tüchtigsten. Der endlose Kampf zwischen Vererbung und Umwelt. Der Kampftrieb. So alt wie die Weltmeere. Steckt in uns allen. Wer kann sagen, zu welchem Zweck?
EMIL	Wer?
GEORGE	Das wissen wir nicht. Aber eines wissen wir *doch.* Solange es

Enten gibt, solange werden sie Tag und Nacht, krank und gesund mit den Reihern kämpfen, denn so steht es geschrieben. Und solange der Himmel verdunkelt wird von den Flügeln des Vogel-monsters, wird der Reiher sich an Enten laben.

Dritte Variation

„Es gibt auch Hausenten"

EMIL Es gibt auch Hausenten.
GEORGE Ja. Weiß ich.
EMIL Man züchtet sie für Ostern und Thanksgiving.
GEORGE Du denkst an Truthähne.
EMIL Enten auch.
GEORGE Man hält sie in Gefangenschaft?
EMIL Ja. Auf dem Hof. Man beschneidet ihnen die Flügel.
GEORGE Uh.
EMIL Eben. Wie? Man kann sich nicht auf ihr Ehrenwort verlassen?!
GEORGE Die Zeiten haben sich geändert.
EMIL Vandalismus ... Sie werden gemästet. Sie werden von den Farmern mit Spezialmischungen gefüttert. Mais, und vielleicht noch Hafer. Und sie kriegen ganz besondere Spritzen. Damit sie glücklich bleiben.
GEORGE Und sie können nicht fliegen.
EMIL Nein.
GEORGE Aus der Traum mit der Wildheit.
EMIL Laufen immer nur den ganzen Tag auf der Farm rum. Und fressen.
GEORGE Dürfen sie sich paaren?
EMIL Das wissen wir nicht.

GEORGE	Wie?
EMIL	Das wissen nur wenige Farmer.
GEORGE	Ja?
EMIL	Die Paarung der Enten ist eine Privatsache, die nur den fraglichen Enterich und seine Gefährtin etwas angeht.
GEORGE	Ja?
EMIL	Es ist eine Sache, der nur wenige Weiße je beigewohnt haben ... Und jene, die behaupten, den Vorgang gesehen zu haben ... sie wollen seltsamerweise nicht darüber reden.
GEORGE	Wir sind besser dran, manche Dinge nicht zu wissen.
EMIL	Wenn man etwas nicht weiß, kann man auch nicht gezwungen werden, es zu verraten.
GEORGE	Sie haben ihre Schnäbel nicht umsonst.
EMIL	Zu wahr. Alles hat seinen Zweck.
GEORGE	Stimmt.
EMIL	Alles, was lebt.
GEORGE	O ja.
EMIL	Alles unter der Sonne hat einen Zweck.
GEORGE	Enten ...
EMIL	Schweißdrüsen ...
GEORGE	Ja.
EMIL	Wir schwitzen nicht umsonst, weißt du.
GEORGE	Das weiß ich.
EMIL	Alles, was lebt, muß schwitzen.
GEORGE	Es hat alles seinen Zweck.
EMIL	Es hat alles seinen Sinn *und* Zweck.
GEORGE	Der Zweck des Schweißes an sich ist nicht klar.
EMIL	Ja ...
GEORGE	Aber ... Es gibt ihn eben.
EMIL	Einen Zweck und einen Grund. Sogar so einen, den wir in diesem Augenblick nicht richtig verstehen.
GEORGE	Getroffen.

EMIL	Die jährliche Wanderung der Enten, die Paarung und ein bißchen Ausruhen ...
GEORGE	Zweck.
EMIL	Schweiß ...
GEORGE	Zweck.
EMIL	Es gibt nichts, was du möglicherweise nennen könntest, das nicht einen Zweck hat ... Versuchs erst gar nicht. Verschwende nicht deine Zeit.
GEORGE	Ich habs nicht eilig.
EMIL	Es hat alles seinen Sinn. Allein schon die Tatsache, daß du gerade jetzt auf dieser Bank sitzt, hat einen Sinn.
GEORGE	Und somit, dem Ausleseprozeß folgend, auch diese Bank.
EMIL	Jetzt spricht die Vernunft aus dir.
GEORGE	Verflixt, ein wahres Wort.
EMIL	Das Gesetz des Universums ist ein Gesetz an und für sich.
GEORGE	Ja. Ja.
EMIL	Und wehe dem Mann, der dazwischenfunkt.
GEORGE	Mit *nichts* kommst du davon.
EMIL	Und wenn, dann hätte es einen Zweck.
GEORGE	Niemand weiß das besser wie ich.
EMIL	... Gut gesagt.

Vierte Variation

„Enten sind nicht wie wir"

EMIL	Enten sind nicht wie wir, weißt du.
GEORGE	Wie das?
EMIL	Enten sind Eier-tragende Geschöpfe.
GEORGE	Und wir wohl nicht, nehme ich an?

EMIL	Das habe ich nicht gesagt. Die Entenjungen sind bereits von Geburt an befähigt, das zu tun, was die meisten Menschen erst viel später lernen. Schwimmen. Ihrer Mutter folgen.
GEORGE	Fliegen.
EMIL	Nein. Ich glaube, sie können erst später im Leben fliegen.
GEORGE	Aber möglich ist es.
EMIL	Schon möglich, aber du irrst dich.
GEORGE	... Ich erinnere mich in der Tat sehr wohl, irgendwo gelesen zu haben, daß viele kleine Enten durchaus schon von Geburt an die Fähigkeit haben zu fliegen.
EMIL	Ich denke doch, da irrst du dich.
GEORGE	Nein. Es könnte sein ... Aber nein.
EMIL	Ja. Ich glaube, du hast traurigerweise unrecht.
GEORGE	Nein. Ich würde es nicht beschwören ...
EMIL	Nein.
GEORGE	Aber ich würde fast schwören, gelesen zu haben, daß *irgendwo* ...
EMIL	Ja, ich bin mir ziemlich sicher, in dem Punkt hast du unrecht.
GEORGE	Irgendeine wenig bekannte Kolonie von Enten.
EMIL	Nein. Meine sämtlichen Kenntnisse der Natur sagen mir, daß ich Nein sagen muß.
GEORGE	Eine sehr kleine Kolonie von Enten.
EMIL	Das kann ich nicht durchgehen lassen.
GEORGE	Aber ich denke ...
EMIL	Es ist möglich, daß du dich verlesen hast ...
GEORGE	Möglich schon, aber ...
EMIL	Nein, nein. Nein. Ich muß trotzdem an meinem Nein festhalten. Nein.
GEORGE	... Vielleicht habe ich mich auch verlesen. Aber was für eine Sache. Fliegen zu können. Später im Leben.
EMIL	Schwimmen ist auch nicht so schlecht.
GEORGE	Aber jeder Dummkopf, der weiß, wie man schwimmt, kann auch schwimmen. Man muß *Vogel* sein um zu fliegen.

EMIL	Auch Insekten fliegen.
GEORGE	Aber nicht in derselben Kategorie.
EMIL	Insekten ... Vögel und Insekten und ... Ich *könnte* mich irren, aber ...
GEORGE	Du irrst dich auch. Sonst fliegt nichts.

Fünfte Variation

„Weißt du, was ich gelesen habe?"

GEORGE	Weißt du, was ich gelesen habe, irgendwo?
EMIL	Fang gar nicht erst an.
GEORGE	Über die Stratosphäre. Die Stratosphäre, besonders die untere Stratosphäre, wird zunehmend mit Dreck verschmiert.
EMIL	So?
GEORGE	Sagt der Wetterdienst.
EMIL	*Unsere* Stratosphäre?
GEORGE	Jedermanns Stratosphäre. Weil es überall dasselbe ist.
EMIL	So?
GEORGE	Wie wenn man einen Stein ins Wasser wirft, und die Wellen breiten sich aus bis ins Du-weißt-nicht-wo ...
EMIL	Ja?
GEORGE	Also, wenn du Scheiße in die Stratosphäre schickst ...
EMIL	Ja?
GEORGE	Hast du das gleiche Problem.
EMIL	Was für Dreck?
GEORGE	Alles mögliche. Schmutz ...
EMIL	Ja.
GEORGE	Dreck ...
EMIL	Nicht gut.

GEORGE Aus Autos ...
EMIL Ja.
GEORGE Zigarettenqualm. Hängt alles da oben. Zieht nirgendwo ab.
EMIL Klar.
GEORGE Aus der Luft erfährt man viel über die Welt, in der wir leben.
EMIL So.
GEORGE Denn, in vielerlei Hinsicht ... macht die Luft einen viel größeren Teil unserer Welt aus, als wir gerne zugeben möchten. Denk mal drüber nach.
EMIL Mach ich.
GEORGE Flugzeuge müssen nach dem Landen sofort gereinigt werden. Sauber steigen sie auf, runter kommen sie dreckig.
EMIL Ja.
GEORGE Aber die Geschöpfe, die keine andere Wahl haben: Insekten, Enten.
EMIL Segelflieger.
GEORGE Es ist eine Schande. Sie gehören erschossen.
EMIL Manche *werden* erschossen.
GEORGE Nein, *sie,* die Verantwortlichen. Enten! Es werden Enten gefunden mit Lungenkrebs. Ich hab da von diesem Jäger im Wald gelesen, der auf ein paar Enten schoß, die sich hingelegt hatten ...
EMIL Ja.
GEORGE Und er hat sie nicht getroffen. *Aber!* Als er wegging, hörte er so ein Röcheln, und er ging zurück, um das zu ergründen. Und da hockten diese fünf oder sechs verkümmerten Enten auf einer Lichtung und keuchten sich die Lunge aus dem Leib.
EMIL Nein!
GEORGE Die haben gehustet und geniest. Schnoddernasen ... und sie flatterten mit den Flügeln, und wenn sie vielleicht zweimal geflattert hatten, fielen sie hustend um.
EMIL Das ist nicht gesund für einen.
GEORGE Und er sagte, anstatt wegzulaufen, kamen sie alle zu ihm ge-

	krochen und scharten sich kauernd um seine Füße, mit diesen entzündeten, tränenden Augen. Ein ziemliches Bild des Jammers. Und er sagte, es ging ihm nicht aus dem Kopf ...
EMIL	Was?
GEORGE	Ich komme mir albern vor, es zu sagen.
EMIL	Sags mir.
GEORGE	Daß sie so aussahen, als wollten sie was zu rauchen schnorren.
EMIL	... Das ist doch lächerlich.
GEORGE	Das weiß ich.
EMIL	Ich glaube, da nimmt dich jemand auf den Arm.
GEORGE	Höchstwahrscheinlich.
EMIL	Im Wald *darf* man doch gar nicht rauchen.
GEORGE	Mach was gegen Behörden.

Sechste Variation

„*Was ist das bloß für eine Welt?*"

GEORGE	Was ist das bloß für eine Welt, die nicht mal ihre Straßen sauberhalten kann?
EMIL	Eine selbstzerstörerische Welt.
GEORGE	Du sagst es.
EMIL	Eine grausame Welt.
GEORGE	Eine schmutzige Welt. Pfui. Ich werde alt.
EMIL	Niemand wird jünger.
GEORGE	Das bringt einen fast dazu, daß man aufhört, sich zu bemühen.
EMIL	Um was zu bemühen?
GEORGE	Weißt du, das Leben ist ja viel einfacher, als viele Leute uns einreden wollen.
EMIL	Wie das?

GEORGE	Nimm die Enten.
EMIL	Na gut.
GEORGE	Woraus besteht ihr Leben?
EMIL	Nun, fliegen ...
GEORGE	Ja.
EMIL	Fressen.
GEORGE	Ja.
EMIL	Schlafen.
GEORGE	Ja.
EMIL	Sich waschen.
GEORGE	Ja.
EMIL	Sich paaren.
GEORGE	Ja.
EMIL	Und vielleicht erschossen zu werden von irgendeinem Blödmann im Grünen Rock.
GEORGE	Oder „Tod".
EMIL	Sollten wir das zu den Lebensvorgängen rechnen?
GEORGE	Na, in einem Vakuum kann man nicht sterben.
EMIL	Das stimmt.
GEORGE	Und da haben wirs also: auch die Enten sind zum Tode verurteilt ...
EMIL	Wie wir alle.
GEORGE	Aber ihr Leben bis zu diesem Punkt ist so viel einfacher. Der Vogel wird geboren. Er lernt seinen Beruf: fliegen. Er fliegt, er frißt, er findet eine Gefährtin, er hat Junge, er fliegt noch ein bißchen, er stirbt. Ein einfaches, gradliniges, leicht zu bewältigendes Leben.
EMIL	Worauf willst du hinaus?
GEORGE	Paß mal auf:
EMIL	Also gut.
GEORGE	Auf ihrem Totenbett, was sagt da die Ente, wenn sie nur reden könnte?
EMIL	Sie will noch ein bißchen weiterleben.
GEORGE	Eben. Aber Reue? Schuldgefühle? Oder andere Gewissensbisse?

EMIL	Nein. Nein. Sie steht im Einklang mit der Natur. Sie ist Teil der Natur. Sie ist eine Ente.
GEORGE	Ja, aber genauso ist der Mensch Teil der Natur.
EMIL	Sprich für dich selbst.
GEORGE	Ich spreche ja für mich selbst.
EMIL	Dann rede mit dir selbst.
GEORGE	Wer hat dich gebeten zuzuhören?
EMIL	Wer hat dich gebeten zu reden?
GEORGE	Warum regst du dich auf?
EMIL	Du regst mich auf.
GEORGE	Ach ja?
EMIL	Mit deinen Reden über die Natur und die Ente und den Tod. Morbides, unnützes Gerede. Weißt du, es ist ja ganz gut, wenn man den Durchblick hat, aber man sollte sich dadurch doch nicht aus dem Konzept bringen lassen.
GEORGE	Und das ist der Punkt, auf den ich hinaus wollte.

Siebte Variation

„Ja, auf mannigfaltige Weise"

GEORGE	Ja, auf mannigfaltige Weise ist die Natur unser Fenster zur Welt.
EMIL	Die Natur *ist* die Welt.
GEORGE	Was einem zeigt, wie leicht es ist, eine gute Idee zu verhunzen.
EMIL	Also, bei wem beklagst du dich?
GEORGE	Na, du beklagst dich bei mir.
EMIL	Was dagegen?
GEORGE	Ich freue mich, daß ich die Zeit habe zuzuhören.
EMIL	Ein Mann braucht einen Freund in diesem Leben.
GEORGE	In diesem oder jedem anderen Leben.

EMIL	Du sagst es. Ohne Freund ist das Leben nicht ...
GEORGE	Lebenswert?
EMIL	Nein, lebenswert ist es schon. Ich meine, was ist denn lebenswert, wenn nicht das Leben? Nein. Aber das Leben ohne Freund ist ...
GEORGE	Es ist einsam.
EMIL	Das ist es gewiß. Du sagst es. Es tut gut, einen Freund zu haben.
GEORGE	Es ist gut, ein Freund zu sein.
EMIL	Es ist gut, einen Freund zum Reden zu haben.
GEORGE	Es ist gut, mit einem Freund zu reden.
EMIL	Sich bei einem Freund zu beklagen ...
GEORGE	Es ist gut zuzuhören ...
EMIL	Ist gut.
GEORGE	Einem Freund zuzuhören.
EMIL	Um das Leben ein bißchen weniger schmerzhaft zu machen.
GEORGE	Dafür würde ich alles versuchen.
EMIL	Ist gut.
GEORGE	Für dich oder für einen Freund. Weil es gut ist zu helfen.
EMIL	Einem Freund in Not zu helfen, ist das höchste, was ein Mann sich nur wünschen kann.
GEORGE	Und mehr als das könntest du nicht verlangen.
EMIL	Würde ich auch nicht.
GEORGE	Gut.
EMIL	Auf dieser Welt ein Einzelgänger zu sein ...
GEORGE	Ist nicht nach meinem Geschmack.
EMIL	Ist nicht gut. Niemand ist eine Insel für sich.
GEORGE	Oder für einen anderen.
EMIL	Man kann nicht ewig allein leben. Man kann sowieso nicht ewig leben. Aber allein kannst du nicht leben. Nichts, was lebt, kann allein leben. Blumen. Nie findest du nur eine einzelne Blume. Bäume. Enten.
GEORGE	Kaktus.

EMIL	Lebt allein?
GEORGE	Nun, denk an den Kaktus in der Wüste. Der steht allein, soweit das Auge sehen kann.
EMIL	Aber es gibt doch noch andere Kakteen.
GEORGE	Nicht in der Nähe, nein.
EMIL	Was willst du damit sagen?
GEORGE	Daß der *Kaktus,* im Unterschied zu allem anderen, was nicht alleine leben kann, *gedeiht* ...
EMIL	Ich will das nicht hören.
GEORGE	Aber es ist wahr, der Kaktus.
EMIL	Ich will es nicht hören. Wenn es falsch ist, vergeude meine Zeit nicht, und wenn es wahr ist, will ich es nicht wissen.
GEORGE	Es ist eine erwiesene Tatsache.
EMIL	Ich kann dich nicht hören.
GEORGE	Sogar die Ente bisweilen.
EMIL	*(guckt)* ... Nichts, was lebt, kann alleine leben.

Achte Variation

„Ach, ich weiß nicht"

EMIL	Ach, ich weiß nicht.
GEORGE	Was denn?
EMIL	Du hast da was Wahres ... Manchmal finde ich, der Park bringt mehr Verdruß, als er wert ist.
GEORGE	Wie das?
EMIL	Ich komm her, ab und zu, seh mir den See und die Bäume und die Tiere und die Sonne an, und dann latsch ich wieder zurück. Zurück in ...
GEORGE	Deine Wohnung.

EMIL	Freudlos. Kalter Beton. Wohnung. Krempel. Linoleum. Imitationen.
GEORGE	Der Park ist wirklicher?
EMIL	Der Park? Ja.
GEORGE	Auf Bänken sitzen.
EMIL	Ja.
GEORGE	Zahme Tiere besuchen?
EMIL	Die aus der wildesten Gefangenschaft stammen.
GEORGE	Einen See beobachten, der eine Kloake ist?
EMIL	Wenigstens ist es Wasser.
GEORGE	Willst du es trinken?
EMIL	Ich trinke es jeden Tag.
GEORGE	Ja. Nachdem es gereinigt und gefiltert worden ist.
EMIL	Trotz alledem ein See. Mein Binnensee.
GEORGE	Voller Binnenlandscheiße.
EMIL	Besser als gar nichts.
GEORGE	Nichts ist besser als gar nichts.
EMIL	Naja, ein knapper zweiter Platz.
GEORGE	Aber warum tut es dir weh, in den Park zu kommen?
EMIL	Sitz ich zu Hause, kann ich in den Park kommen. Sitz ich im Park, gibt es nur einen Ort, wo ich hingehen kann, nach Hause.
GEORGE	Wärs besser, keinen Park zu haben?
EMIL	Weiß ich nicht.
GEORGE	Besser, keinen Zoo zu haben? Sollen wir vergessen, was eine Schildkröte ist?
EMIL	Aaaaah.
GEORGE	Unsere Kinder sollen nie die Freude kennen, Tiere zu beobachten ... wie sie sich verhalten?
EMIL	Weiß ich nicht.
GEORGE	Sie sollen also zu Hause bleiben und nur mitkriegen, daß Guppies ihre Jungen Fressen.
EMIL	Sollen sie doch aufs Land fahren. Spielplatz der Natur. Das Land.

	Von der Zeit vergessen. Wildenten im Formationsflug. Einzelne Geräusche vom Hof. Pferde. Rostige Gatter. Ein uralter Traktor. Heu. Gerste. Pilze. Roggen. In Hülle und Fülle, im Überfluß. Genug, die Völker der Welt zu füttern.
GEORGE	Die kommen alle zu uns. Wir kriegen ja nicht genug Gesindel.
EMIL	Genug, um die zahllosen Rinder Südamerikas zu verschlingen.
GEORGE	Stammt das von dir?
EMIL	Ja.
GEORGE	Ich ziehe den Hut vor dir.
EMIL	Danke.
GEORGE	„Die vielen Völker der Welt ..." Wie war das nochmal?
EMIL	Ähm. Den Namenlosen das Maul zu stopfen ... Ich komm schon wieder drauf.
GEORGE	Wenns dir einfällt, sag mir Bescheid.

Neunte Variation

„Im Zoo gibt es Enten"

EMIL	Im Zoo gibt es Enten. Wirklich. Wie heißen die nochmal? ... Stockenten. Die haben eine Stockente, und eine ... wie war das noch? Eine Kentalupe.
GEORGE	Du meinst eine Entilope.
EMIL	Nein ... nein, keine Kentalupe. Aber es ist so etwas *wie* eine Kentalupe. Äh ...
GEORGE	Entilope?
EMIL	Nein! *Entilope* ist ja sowas wie ein Elch. Was ich meine, ist wie eine Ente.
GEORGE	Gans?
EMIL	Nein. Aber es ist ... Was so wie Kentalupe klingt, aber keine ist.

GEORGE	... Antilope. Tut mir leid, aber das ist es.
EMIL	Nein. Moment! Moment. Ka... Kala... Kamma... Kana...
GEORGE	Kanadische Enten?
EMIL	Nein! Die ich meine, habe ich *gesehen*. Ich habe sie im Zoo gesehen.
GEORGE	Enten?
EMIL	Ja! Enten, über die rede ich. Mein Gott, ich weiß doch, was ich meine ... Sie heißen ... Das einzige, was mir einfällt, ist Kanta. Mantel. Manda. Panda ... Kandalaber ...
GEORGE	Einen Panda haben die keinen.
EMIL	Das weiß ich ... Panna ...
GEORGE	Die *hatten* einen Panda in dem *anderen* Zoo, aber der ist gestorben.
EMIL	Ja. Nana ...
GEORGE	Die hatten sogar zwei davon. Oder drei. Aber das waren alles Männchen, und als sie starben ... die konnten natürlich keine Babies kriegen ...
EMIL	Randspan?
GEORGE	... und so sind die Pandas ...
EMIL	... Lope ...
GEORGE	Gestorben.
EMIL	Lo... Lopa? Lola...
GEORGE	Etwa Schwäne?
EMIL	Nein. Bitte. Ich kenne Schwäne. Ich rede von Enten.
GEORGE	Das weiß ich.
EMIL	Kan...
GEORGE	Diese Pandas waren was.
EMIL	Ja.
GEORGE	Riesenpandas.
EMIL	Ja.
GEORGE	*Große* Kerle.
EMIL	Die habe ich gesehn.

GEORGE	Nicht in letzter Zeit, hast du nicht.
EMIL	Nein.
GEORGE	Denn sie sind tot.
EMIL	Das weiß ich.
GEORGE	Aus dem Orient. Pandas aus dem Fernen Osten. Da konnte man sie sehen.
EMIL	Mantalope?
GEORGE	Schwarz und weiß.
EMIL	Palapope ...
GEORGE	Zusammen.
EMIL	Maaaa...
GEORGE	Der Riesenpanda.
EMIL	Fanna ...
GEORGE	Mehr als zwei Stockwerke hoch.
EMIL	Raaa?
GEORGE	Es wurde zu teuer, sie zu füttern. Sie mußten eingeschläfert werden.

Zehnte Variation

„Es ist eine Affenschande"

EMIL	Es ist eine Affenschande.
GEORGE	Wie?
EMIL	Eine Scheiß-Affenschande. Ein schwarzer Fleck auf unserer Zeit. Schmutz auf dem Schild. Ölteppiche von hier bis Afrika.
GEORGE	Häh?
EMIL	Auf Ozeandampfern darf nicht mehr geraucht werden. Springt ein Funke über Bord, steht der ganze Ozean in Flammen.
GEORGE	So?

EMIL	Ölverschmierte Enten treiben tot an den Stränden an. Strände werden gesperrt. Nirgends ein Ort zum Schwimmen. Die Meeresoberfläche ist eine feste Schicht absterbender Flora und Fauna. In Australien ... da werden Fische gefunden, die erblindet sind, weil ihnen das Sonnenlicht fehlte. Neue grausige Arten entwickeln sich. Sie fressen nichts anderes als tote Vögel.
GEORGE	Ja?
EMIL	Der Katzenfisch.
GEORGE	... Ich glaube, das ist was andres.
EMIL	Nie mehr. Drosseln. Keine Enten mehr. Blauhäher. Kardinäle. Machen den toten Ozean zu ihrer letzten Heimat.
GEORGE	Als ich jung war ...
EMIL	Treiben tot an den Stränden an.
GEORGE	Bei mir zu Haus ...
EMIL	Ihre Lungen ein schwammiger Brei aus Benzin. Sie sind für etwas Besseres geschaffen als das.
GEORGE	Im Frühjahr haben wir immer ...
EMIL	Im Herbst darf man nicht mal das Laub verbrennen. Wir müssen die Blätter in Plastik einwickeln. Demnächst werden wir wohl jedes Blatt einzeln in kleine Tüten verpacken müssen, pro Tüte ein Blatt, damit wir uns nicht an den Dämpfen vergiften. Kleine numerierte Päckchen.
GEORGE	Unser Rasen war es.
EMIL	Was?
GEORGE	Wie?
EMIL	Was war euer Rasen?
GEORGE	Hab ich vergessen.
EMIL	Kannst du dir vorstellen, der letzte lebende Mensch zu sein, der einen Blaureiher gesehen hat? Oder einen wilden Büffel?
GEORGE	Kein Mensch kann auf dem Pfad des wilden Büffels leben.
EMIL	Na schön. Dann eben einen normalen Büffel.
GEORGE	Die sind im Zoo.

EMIL	Büffel?
GEORGE	Ja, und zwar in rauhen Mengen.
EMIL	Aber da sind sie in Gefangenschaft.
GEORGE	Das will ich doch stark hoffen.
EMIL	Na, du siehst jedenfalls, worauf ich hinaus will.
GEORGE	Ja ...
EMIL	Na, und auf den Punkt wollte ich eben hinaus.

Elfte Variation

„Weißt du, ich erinnere mich"

GEORGE	Weißt du, ich erinnere mich, irgendwo gelesen zu haben ...
EMIL	Bitte.
GEORGE	Schon gut.
EMIL	Ich habe deine Gefühle verletzt.
GEORGE	Ja.
EMIL	Es tut mir leid.
GEORGE	Ich weiß.
EMIL	Dafür gibt es keine Entschuldigung.
GEORGE	Ist schon gut.
EMIL	Was wolltest du sagen?
GEORGE	Das Gleichgewicht in der Natur.
EMIL	Ja?
GEORGE	Ist auf eine der zuschauerträchtigen Profi-Sportarten angewiesen.
EMIL	Du spinnst ja völlig.
GEORGE	Um weiterzubestehen.
EMIL	Was hat dich denn auf die Idee gebracht?
GEORGE	Weiß ich nicht genau.
EMIL	Irgendein Sport?

GEORGE	Weiß ich nicht.
EMIL	Die Natur?
GEORGE	Vielleicht.
EMIL	Erinnerst du dich, welcher Sport?
GEORGE	Ich ... nein, ich würde nicht unter Eid aussagen wollen, daß ich mich erinnere. Irgendein Sport aus der Ersten Liga.
EMIL	Wo hast du das gelesen?
GEORGE	Ich weiß nicht, Reader's Digest ...
EMIL	Wie?
GEORGE	Außerdem hat man herausgefunden, wofür Krebs gut ist.
EMIL	Hals- und Beinbruch.
GEORGE	Wurde auch langsam Zeit. Die vielen Millionen, die wir für die Forschung ausgeben, für Zigaretten ...
EMIL	Flora und Fauna.
GEORGE	Dafür Geld auszugeben, ist doch in Ordnung.
EMIL	Überall immer nur nehmen, nehmen, nehmen.
GEORGE	Die Natur gibt es in vielfältiger Form zurück.
EMIL	Ach ja?
GEORGE	Ein Blaureiher im Sonnenuntergang.
EMIL	Die sind alle tot.
GEORGE	Der Hauch einer Brise vom See ...
EMIL	Oder verstecken sich.
GEORGE	Ein Schwarm Enten.
EMIL	Die Ente ist schließlich und endlich nur ein Vogel.
GEORGE	Aber was für ein Vogel.
EMIL	Eine Taube ist auch ein Vogel.
GEORGE	Kein Vergleich.
EMIL	Was ist der Unterschied zwischen einer Ente und einer Taube?
GEORGE	Grundsätzlich – die lassen sich nicht vergleichen.
EMIL	Davon abgesehen?
GEORGE	Es besteht ein Unterschied in ... der Selbstachtung. Dagegen

	kannst du nichts einwenden.
EMIL	Fang ich auch gar nicht mit an.
GEORGE	Damit würdest du nicht weit kommen.
EMIL	Ha. Ha.
GEORGE	Große Worte.
EMIL	Ich bin bereit, sie einzulösen.
GEORGE	Ach ja?
EMIL	Ja.
GEORGE	Na schön.
EMIL	... Sobald du bereit bist.
GEORGE	Ich bin bereit.
EMIL	Also schön.
GEORGE	Bist du bereit?
EMIL	Jede Wette, Roter Reiter.
GEORGE	Gut.
EMIL	... He! Was denn? Erwachsene streiten sich über Vögel?
GEORGE	Du hast damit angefangen.
EMIL	Du gestattest mir, anderer Meinung zu sein.
GEORGE	Nur zu.
EMIL	Also gut, ich *bin* anderer Meinung.
GEORGE	Das ändert doch gar nichts. Ich habe hier eine intelligente Unterhaltung geführt, und dann kamst du ...
EMIL	Ich habe lediglich darauf hingewiesen, daß du immer alles verdrehst.
GEORGE	Was ist edler als eine Ente?
EMIL	Hängt von der Ente ab.
GEORGE	Ist eine Taube edler als eine Ente?
EMIL	Willst du etwa sagen, daß eine Ente, nur weil sie ein wilder Vogel ist und keine Regeln kennt ...
GEORGE	Keine Regeln kennt? Keine Regeln? Keine Regeln außer Sonne und Mond! Keine Regeln außer dem Gesetz der Jahreszeiten und wann er wo hin muß und zu welchem genauen Zeit-

	punkt? Keine Regeln, außer eine Gefährtin zu finden und dieser treu anzuhängen, bis daß der Tod ihn scheidet?
EMIL	Ist das wahr?
GEORGE	Aber ganz gewiß.
EMIL	Das habe ich nicht gewußt.
GEORGE	Na, dann lern aus deinen Irrtümern.
EMIL	Das will ich.
GEORGE	Keine Regeln!
EMIL	Ist ja gut.
GEORGE	Eines der Geschöpfe mit der strengsten Ordnung.
EMIL	Entschuldigung.
GEORGE	Wußtest du, daß viele menschliche Gesellschaften sich nach dem Vorbild unserer tierischen Freunde entwickelt haben?
EMIL	Quatsch.
GEORGE	Du gestattest mir, anderer Meinung zu sein.
EMIL	Quatsch mit Soße.
GEORGE	Die Franzosen, zum Beispiel.
EMIL	Haben sich nach dem Vorbild von Tieren entwickelt?
GEORGE	Historisch gesehen, ja.
EMIL	Wo hast du denn das her?
GEORGE	Aus einem Reiseführer für Frankreich.
EMIL	Das glaube ich nicht.
GEORGE	Irgendwo habe ichs aber her, ich zeig es dir.
EMIL	Mußt du auch.
GEORGE	Werd ich auch.
EMIL	Dann tus doch.
GEORGE	Dräng mich nicht.
EMIL	Mach ich nicht.
GEORGE	In Ordnung.
EMIL	Kannst du Gift drauf nehmen.

Zwölfte Variation

„Immer wenn ich an fliegende Tiere der Wildnis denke"

EMIL	Immer, wenn ich an fliegende Tiere der Wildnis denke, fällt mir eine Frage ein.
GEORGE	Ja?
EMIL	Ob in der Stadt, in der wir ja leben ...
GEORGE	Ja?
EMIL	Ob wir vielleicht ...
GEORGE	Ja?
EMIL	Vergiß es.
GEORGE	Enten.
EMIL	Enten.
GEORGE	Enten. Fliegen wild.
EMIL	Wild über alle Grenzen.
GEORGE	Seen, Flüsse.
EMIL	Gedachte Linien ...
GEORGE	Äquator.
EMIL	Machen sich niemals Sorgen ... Machen niemals halt ...
GEORGE	Machen für keinen Menschen halt.
EMIL	Hoch über unbewohntem Gelände.
GEORGE	Ödem Land.
EMIL	Unerforschtem Nordland.
GEORGE	Nackt und fremd.
EMIL	Hier und da die Bergwacht.
GEORGE	Kalt.
EMIL	Nirgendwo ein Platz zum Ausruhn.
GEORGE	Was für ein Leben.
EMIL	Im Fluge schlafen.
GEORGE	Von Stürmen getrieben.

EMIL　　　Weißt du, das ist nicht zum Lachen ...
GEORGE　Wer lacht denn?
EMIL　　　Viele Tiere der Wildnis, wollte ich dir grad sagen, kommen jedes Jahr in Stürmen und in ähnlichen ... Unwettern um, bei denen es starken Wind gibt.
GEORGE　Als ob ich das nicht wüßte.
EMIL　　　Noch eine der zahllosen Gefahren für die Ente.
GEORGE　Frost auch.
EMIL　　　Hagel.
GEORGE　Hm.
EMIL　　　Kannst du dir das vorstellen?
GEORGE　... Hagel ...
EMIL　　　Prasselt auf die arme Kreatur herab. Allein am Himmel. Viele Meter hoch in der Luft. Kann nicht nach links, kann nicht nach rechts ...
GEORGE　Kann nirgendwohin.
EMIL　　　Überall Hagel. Der schlägt auf sie ein. Prasselt auf sie herab. Zerfetzt ihr die Flügel. Vertreibt sie vom Himmel.
GEORGE　Das Gesetz des Lebens.
EMIL　　　Das sagst du *jetzt*.
GEORGE　Manche müssen sterben, damit andere leben können.
EMIL　　　Aber die müssen auch sterben.
GEORGE　Also müssen manche sterben, damit andere ein bißchen länger leben können. Das versteht sich von selbst.
EMIL　　　Und sie, *sie* sterben.
GEORGE　Natürlich. Damit andere leben können. Das ergibt einen Sinn, wenn man darüber nachdenkt.

Dreizehnte Variation

„Sie werden ausgestopft"

EMIL Sie werden ausgestopft.
GEORGE Wie?
EMIL Sie werden ausgestopft. Sie werden geschossen und sie werden ausgestopft.
GEORGE Vorausgesetzt, daß sie tot sind.
EMIL Sägespäne. Und dann werden sie an die Wand genagelt.
GEORGE Für die Bratröhre werden sie auch gestopft.
EMIL Das auch.
GEORGE Ja.
EMIL Aber ohne Grund zu töten ... grundlos und sinnlos ... sie zu erschießen. Was für eine Verschwendung.
GEORGE Ja.
EMIL Was für eine Verschwendung an Entenleben. Geschossen zu werden. Und nicht mal gegessen zu werden. Abgeschossen zu werden wie irgendein Tier.
GEORGE Wenigstens werden sie in der Luft geschossen.
EMIL Wie bitte?
GEORGE Ja! Was denkst du denn? Du darfst sie nicht am Boden schießen. So!?
EMIL Ja?
GEORGE Es gibt *Gesetze*. Und Zeiten. Hast du nie etwas von der Entensaison gehört?
EMIL Selbstverständlich.
GEORGE Denn, in der Entensaison darfst du sie töten. Mit gesetzlicher Erlaubnis.
EMIL Und wann ist die?
GEORGE Entensaison?

EMIL Ja.
GEORGE Hm, im Frühjahr. Einige Wochen ... Im Herbst einige Wochen.
EMIL ... also immer, wenn die Enten *hier* sind!
GEORGE Nein, es ist ...
EMIL Na?
GEORGE Nein, ich ...
EMIL *Na?*
GEORGE Nun,
EMIL *NA?*
GEORGE ... Ja!
EMIL Die Saison gibt es also, damit die einzige Zeit, in der es gesetzlich verboten ist, sie zu schießen, die ist, wenn sie gar nicht *hier* sind ... Wirklich nicht dumm von denen.
GEORGE Ja.
EMIL Einfluß ... die richtigen Drähte.
GEORGE Die Entenjagd ist nicht billig.
EMIL Willst du mich auf den Arm nehmen?
GEORGE Nein. Man braucht Land.
EMIL Man braucht eine Menge Land.
GEORGE Mindestens eine Meile. Und man braucht ...
EMIL Flinten.
GEORGE Eine Flinte nur.
EMIL Und eine in Reserve.
GEORGE Und Munition, um die Flinte zu laden.
EMIL Zielfernrohr.
GEORGE Und solche Mützen.
EMIL Ein Instrument, um sie anzulocken.
GEORGE Nicht immer nötig.
EMIL Aber praktisch für den Notfall ... Einen Beutel für die Beute.
GEORGE Hohe Stiefel.
EMIL Einen Regenmantel.
GEORGE Ein Radio.

EMIL	Man muß was zu essen mitnehmen.
GEORGE	Man braucht einen Haufen Dinge.
EMIL	Einen Jagdschein.
GEORGE	Und einen *Haufen* Glück.
EMIL	O ja.
GEORGE	Läßt sich eine kleine, schwankende Ente aus meilenweiter Entfernung leicht am klaren, blauen Himmel ausmachen?
EMIL	Nein.
GEORGE	Einen HAUFEN Glück.
EMIL	Und Übung.
GEORGE	Wer hat die Zeit?
EMIL	Jeden Tag. Jedenfalls eine halbe Stunde. Üben ...
GEORGE	... dabei zeigt sich, was ein Mann wert ist. In dem Augenblick gibt es kein Zurück. Du hast dich verpflichtet. Du hast die Lockrufe ausgestoßen und den Himmel abgesucht, du bist gekrochen, bis dir der Rücken weh tut. Seit dem frühen Morgen.
EMIL	Ja.
GEORGE	Liegst du da auf dem kalten Erdboden und bemühst dich, nicht aufzufallen. Du hoffst. Du betest um die EINE ENTE ...
EMIL	Eine tieffliegende Ente ...
GEORGE	Um die eine Chance, die dir zeigen soll, woraus die *Träume* sind. Bis ...
EMIL	Ja?
GEORGE	Bis ... in weiter Ferne, *hinter* dem Horizont, du weißt nicht mal, was es ist, ein rauhes Schreien ist. Das Schreien kommt näher. Näher, wird lauter. Du siehst in der Ferne etwas Verschwommenes. Es verdichtet sich zu einem Tupfer. Der Tupfer wird größer. Wird ein Punkt, ein Fleck. Es ist ein großer Fleck. Der Fleck kommt näher, und er schreit, und das Schreien ist lauter und wird klar und deutlich. Du kannst es grade so erkennen. Es flattert. Fliegt in direkter Linie, um sich den Kameraden anzuschließen. Hektisch. Verloren. Verirrt. Gefährlich. Bösartig: es ist

eine ENTE ... und da kommt sie schon ran. Du richtest dich leise vom Boden auf. Ein Knie ... beide Knie. Du nimmst die Flinte, du bringst die Flinte auf der Schulter in Stellung und legst auf die Ente an. Nur ihr beide. Du und die Ente im Sumpf. Die Ente will heim, und du willst sie deswegen töten. Also feuerst du die Flinte ab. Einmal, nochmal. Und nochmal und nochmal. Es gellt dir in den Ohren. Es flimmert dir vor den Augen. Du kannst nicht sehen. Du zitterst, und du mußt dich hinsetzen ... dein Herz rast ...

EMIL Wo ist die Ente?
GEORGE ... langsam. Langsam läßt du dich zu Boden sinken. Deine Gelenke knacken ...
EMIL *Wo ist die Ente?*
GEORGE Unter dem Gewicht deines Körpers. Die Schulter tut dir weh vom Rückstoß der Flinte und dein ...
EMIL WO IST DIE ENTE?
GEORGE Die Ente liegt im Sterben.
EMIL Draußen im Sumpf.
GEORGE Draußen im Sumpf.
EMIL Nein.
GEORGE In einem Häufchen Federn und einer Lache Blut. Den Leib voll Kugeln. Leise, um ja kein Geräusch zu machen. Liegt sie im Sterben.
EMIL Lebt in ihren letzten Zügen.
GEORGE Und stirbt.
EMIL Verläßt die Erde und den Himmel.
GEORGE Stirbt.
EMIL Liegt am Boden.
GEORGE Stirbt.
EMIL Flatternd.
GEORGE Stirbt.
EMIL Schluchzend.

GEORGE	Stirbt.
EMIL	Ruhig blutend.
GEORGE	Nachdenklich.
EMIL	Sterbend.
GEORGE	Sterbend, sterbend.
EMIL	Aber halt! Jetzt! Sie sammelt ihre Kräfte ein letztes Mal.
GEORGE	Nein.
EMIL	Vielleicht flattert sie umher und versucht noch einmal ...
GEORGE	Nein.
EMIL	Zu fliegen?
GEORGE	Nein.
EMIL	Ein letztes ...
GEORGE	Nein.
EMIL	Ein Flattern ...
GEORGE	Nein.
EMIL	Ein kleines ...
GEORGE	Nein.
EMIL	Sie ist tot, nicht wahr?
GEORGE	*(nickt)*
EMIL	Ich habe es gewußt.
GEORGE	Das Gesetz des Lebens.

Vierzehnte Variation

„Schon Jahrhunderte vor dieser Zeit"

EMIL	Weißt du, schon Jahrhunderte vor dieser Zeit hat der Mensch Vögel beobachtet.
GEORGE	Ich beobachte sie immer noch.
EMIL	Um das Geheimnis des Fliegens zu ergründen.

GEORGE	Ohne sind wir besser dran.
EMIL	Ja.
GEORGE	Sie nehmen es mit ins Grab.
EMIL	Die alten Griechen haben den ganzen Tag rumgesessen und sich Vögel angesehn.
GEORGE	Ja?
EMIL	Aber ja. Die haben sich auf einen Stuhl gesetzt und die Augen aufgemacht. Haben den ganzen Tag über nur Vögel beobachtet und gegrübelt.
GEORGE	Da käme ich auch ins Grübeln. Eine Zivilisation zerfällt, und die sitzen im Park und sehen sich Vögel an.
EMIL	Das waren die *antiken* Griechen. Alte. Alte Männer. Arbeitsunfähig. Ohne Nutzen für ihre Gesellschaft. Haben immer nur Vögel beobachtet den ganzen Tag. Vom ersten bis zum letzten Lichtstrahl. Erster Lichtstrahl: Los, geh Vögel beobachten. Letzter Lichtstrahl: Schluß jetzt mit Vögel beobachten. Geh nach Hause. Schwalben. Falken. Vorläufer unserer heutigen Vögel. Und die Vorläufer unserer heutigen Staaten. Griechen. Vögel. Haben den ganzen Tag über draußen gesessen. Auf einer Bank gesessen und sie gefüttert ... Mit ein paar Körnern ...
GEORGE	... Reis?
EMIL	Reis, ja. Die Geschichtsschreibung ist in diesem Punkt nicht ganz eindeutig, aber wir können uns an dieser Stelle Reis vorstellen. Um der Beweisführung willen. Starke, gewandte Raubvögel.
GEORGE	Und fette alte Männer.
EMIL	Die sich gegenseitig beobachten.

Beide haben etwas beizutragen.
Daß die Welt sich noch einen weiteren Tag drehe.
Ein passendes Ende.
Für ein paar sehr edle Geschöpfe des Himmels.
Und einen Haufen Griechen.

Ende

Hanglage Meerblick

Personen

JOHN WILLIAMSON

BAYLEN

RICHARD ROMA

JAMES LINGK
Männer Anfang Vierzig

SHELLY LEVENE

DAVE MOSS

GEORGE AARONOW
Männer in den Fünfzigern

Die drei Szenen des ersten Aktes spielen in einem China-Restaurant.
Der zweite Akt spielt im Büro einer Immobilienfirma.

Immer abschließen
Maxime der Verkaufspraxis

Das Stück ist Harold Pinter gewidmet

Erster Akt

1. Szene

Halbhoch abgeteilte Eßnische in einem China-Restaurant. WILLIAMSON *und* LEVENE *sitzen am Tisch in der Eßnische.*

LEVENE John ... John ... John. Okay. John. John. Komm: *(Pause)* Glengarry Highland Hanglage, damit schickst du Roma los. In Ordnung. Er ist ein Klasse Mann. Das ist er, das wissen wir. Er ist in Ordnung. Ich sag ja bloß, sieh dir den *Stand* an, der verschleudert doch ... Halt halt halt halt, er verschleudert doch die, er ver*schleu*dert doch die Adressen. Ich will ja bloß sagen, daß du deine Adressen rausschmeißt. Ich will dir nicht reinreden in deinen *Job*. Ich will dir bloß sagen, die Dinge spielen sich ein, das weiß ich doch genau, du kriegst eine gewisse *Vor*stellung, eine *Ein*stellung ... Ein Mann kriegt eben einen Ruf. Wir wissen, wie das ... ich sag ja bloß, du mußt einen ransetzen, der Abschlüsse macht. Für so was gibt's nicht nur einen einzigen Mann ... Setz einen ... Sekunde mal, schick einen *bewährten Mann los* ... und dann sollst du mal, nur ne *Sekunde* – dann sollst du mal deine *Umsätze* sehen ... Schon fängst du mit Abschlüssen von *fünfzig*tausend Dollar an statt *fünf*undzwanzig ... setz einen Abschluß*macher* ran ...

WILLIAMSON Shelly, die letzten hast du versaut ...

LEVENE Nein, John. Nein. Moment mal, bleiben wir noch dabei, ich habe ... würdest du bitte? Eine Sekunde. Ich habe sie nicht „versaut". Nein, ich habe sie nicht versaut. Nein. Einer ist *ab*gesprungen, einen habe ich *ab*geschlossen ...

WILLIAMSON ... du hast keinen abge...

LEVENE ... ich, wenn du mir mal *zuhören* würdest. Bitte. Ich habe den Wichser zum *Abschluß* gebracht. Seine „*Ex*", John, seine *Ex*frau, ich hatte ja keine Ahnung, daß er verheiratet war ... er, das *Gericht* hat den Vertrag annulliert ...

WILLIAMSON	Shelly ...
LEVENE	... und was ist das, John? Na, was ist das? *Pech*, sag ich dir, und nichts weiter. Ich bete, daß dich nie im *Leben* sone Strähne erwischt. Das ist es nämlich, nichts anderes ist es, eine Pechsträhne nach der anderen. Ich bete nur, daß du davon verschont bleibst. Das wollte ich bloß sagen.
WILLIAMSON	*(Pause)* Und die andern beiden?
LEVENE	Welche andern beiden?
WILLIAMSON	Vier. Du hattest vier Interessenten. Einer ist abgesprungen, einer da hat das *Gericht*, wie du sagst ...
LEVENE	... du willst die Gerichtsakten sehen? John? He? Du willst in die ...
WILLIAMSON	... nein ...
LEVENE	... du willst in die *Stadt* fahren und ... ?
WILLIAMSON	... nein ...
LEVENE	... was ...
WILLIAMSON	... ich will nur ...
LEVENE	... was soll dann dieser „wie du sagst" – Scheiß, was soll das? *(Pause)* Was soll das ... ?
WILLIAMSON	Ich will ja nur sagen ...
LEVENE	Was soll das heißen, „wie du sagst"? Ein Kunde springt ab... Ein *Scheiß*. Leben muß ich doch auch, Williamson ... *Scheiß auf dich*, Moss ... Roma ... sieh dir die Auftragsbücher an ... sieh dir die *Bücher* an. Neunzehnhundert*achtzig*, *ein*undachtzig ... *zwei*undachtzig ... sechs Monate von zweiundachtzig ... wer steht da? Wer steht da an der Spitze?
WILLIAMSON	Roma.
LEVENE	Dann kommt?

WILLIAMSON	Moss.
LEVENE	Ein Scheiß. John. Ein *Scheiß*. April, September '81. Da steh *ich*. Nicht diese *Arschgeige* Moss. Alle Achtung, *Aufträge* kriegt er rein, John. Er *quatscht*, er quatscht mit seiner Masche jeden in die Falle, sieh dir die Tabelle an, und da steh *ich*, John, ich steh da ...
WILLIAMSON	Nicht in letzter Zeit jedenfalls nicht.
LEVENE	In letzter Zeit leck mich in letzter Zeit. So baut man doch keine Organisation auf ... sprich, sprich mit Murray. Sprich mit Mitch. Als wir an Peterson saßen, wer hat *da* seinen *Scheiß*wagen bezahlt? Frag ihn doch. Den *Seville* ... ? Er kam rein: „Den hast du für mich gekauft, Shelly." Womit wofür? Reines *Geschäft*. Eiskalt. *Geschenkt*. *Fünf*undsechzig, als wir die Glen Ross Farmen hatten? Ruf sie an in der Zentrale. Was war das? *Glück*? Das war „Glück"? Ein *Scheiß*, John. Du gehst mir auf den Sack, ich kriege keine potente *Adresse* ... du hältst das für Glück. Meine Zahlen in den Jahren? Ein *Scheiß* ... für die ganze Zeit ...? Ein *Scheiß*. Das war kein Glück. Das war *Können*. Das willst du aus dem Fenster schmeißen, John ...? Das willst du aus dem Fenster schmeißen?
WILLIAMSON	Ich bin nicht derjenige...
LEVENE	... nicht derjenige ...? Wer isses *denn*? Mit wem rede ich denn hier? Ich brauche die *Adressen* ...
WILLIAMSON	... nach dem Dreißigsten ...
LEVENE	*Scheiß* auf den Dreißigsten, wenn ich bis zum Dreißigsten nicht auf der Tabelle stehe, bin ich geliefert. Ich brauche die Adressen, ich brauche sie jetzt. Oder ich bin weg vom Fenster, und du wirst mich vermissen, John, das schwör ich dir.
WILLIAMSON	Murray ...
LEVENE	... *rede* mit Murray ...

WILLIAMSON	Das habe ich. Und mein Job ist die ordnungsgemäße Zuteilung der Adressen ...
LEVENE	Ordnungsgemäße Zuteilung ... die ordnungsgemäße Zuteilung der Adressen? Was fürn Furz, sag mal wo kommst du eigentlich her, wir sind hier verdammt zum *Verkaufen*. Leck mich doch Zuteilung der Adressen. Was fürn Quatsch redest du da? Was fürn Quatsch redest du da? Wo hast du das gelernt? In der Schule ...? *(Pause)* Das ist „Gerede", lieber Freund, reines „Gerede". Unser Job ist der *Verkauf*. Ich bin der *Mann* für den Verkauf. Ich kriege Scheiße auf den Tisch. *(Pause)* Du servierst mich damit ab, und ich sag nur eins, das ist fürn Arsch.
WILLIAMSON	Du sagst also, ich bin im Arsch.
LEVENE	Ja. *(Pause)* Das sage ich. Tut mir leid, deinen Unwillen zu erregen.
WILLIAMSON	Ich will ...
LEVENE	... und ich werde abgeschossen, und du bist ...
WILLIAMSON	... ich will dir ... hörst du mir überhaupt zu ...?
LEVENE	Ja.
WILLIAMSON	Ich will dir mal was sagen, Shelly. Ich tue das, wozu ich angestellt bin. Ich bin ... Augenblick mal, ich bin *angestellt*, um die Adressen zu sondieren. Ich habe ... Moment, ich habe meine *Anweisungen*. Mein Job ist, *das zu tun*, was mir *gesagt* wird. Genau das. Du, Augenblick noch, wer unter ein bestimmtes Level fällt, dem *darf* ich die Dreisterne-Adressen gar nicht geben.
LEVENE	So, und wie kommen die über dieses Level? Mit *Dreck* ...? Das ist doch *Quatsch*. Erklär mir das mal. Das ist doch idiotisch, und eine idiotische Vergeudung dazu. Ich will dir mal was erzählen ...
WILLIAMSON	Weißt du, was diese Adressen kosten?
LEVENE	Die Dreisterne-Adressen. Ja. Ich weiß, was sie kosten. John.

	Denn ich, *ich* habe dafür gesorgt, daß genügend Geld reinkommt, damit sie überhaupt *gekauft* werden konnten. Neunzehnhundert*neunen*siebenzig, weißt du, wieviel ich da gemacht habe? *Neunensiebenzig?* Sechsundneunzigtausend Dollar. John? Für *Murray* ... Für *Mitch* ... sieh dir die Bücher an ...
WILLIAMSON	Murray sagt ...
LEVENE	Der *kann* mich. Murray *kann* mich. John? Das kannst du ihm ruhig sagen, bestell ihm das. Was weiß *der* denn schon, einen Scheiß. Einen „Verkaufswettbewerb" macht er also ... weißt du, was unser Verkaufswettbewerb früher brachte? *Geld.* Ein *Vermögen.* Geld, das auf der Straße lag. Murray? Wann ist der denn das letzte Mal zu einem Termin gegangen? Verkaufswettbewerb? Daß ich nicht *lache.* Es ist jetzt kalt da draußen, John. Und knapp. Das Geld ist *knapp.* Wir ham nich mehr fünfundsechzig. Ham wir nich. Ham wir eben nicht. Klar? Ist dir das klar? Ich bin zwar ein Klasse *Mann* — aber ich brauche ei...
WILLIAMSON	Murray sagt ...
LEVENE	John. John.
WILLIAMSON	Würdest du bitte mal einen Augenblick zuhören, Shelly. Bitte. Murray hat mir gesagt: die heißen Adressen ...
LEVENE	... ach *Scheiß* drauf ...
WILLIAMSON	Die ... Shelly ...? *(Pause)* Die heißen Adressen werden entsprechend dem Tabellenstand zugeteilt. Während des Wettbewerbs. *Basta.* Jeder, der über fünfzig Prozent ...
LEVENE	Das ist beschissen. Das ist beschissen. Es kommt doch nicht auf den Scheiß *Prozentsatz* an. Es kommt auf die *Brutto...*
WILLIAMSON	Egal worauf. Du bist draußen.
LEVENE	Ich bin draußen.
WILLIAMSON	Ja.

LEVENE	Ich werd dir sagen, warum ich draußen bin. Ich bin *draußen*, weil du mir Klosettpapier lieferst. John. Ich habe die Kartei *gesehn*. Ich habe sie gesehn, als ich bei der Neuen Siedlung war, da haben wir den Schwanzlutschern Rio Rancho angeboten, neunundsechzig, die wollten nicht *kaufen*, die *konnten* nicht kaufen, nicht mal einen Scheiß *Toaster*. Die sind *pleite*, John. Da *rührt* sich nichts. Das sind Penner, danach kannst du nicht gehen. Trotzdem. Aber trotzdem. Na gut. Schön. Schön. Trotzdem. Ich geh los, VIER BESCHISSENE INTERESSENTEN, die haben ihr Geld im *Strumpf*. Das sind *Polacken*, John, reines Gesocks. Vier Interessenten. Zwei Abschlüsse mach ich. *Zwei*. Fünfzig Pro...
WILLIAMSON	... die sind abgesprungen ...
LEVENE	Die springen *alle* ab. Jeder hat mal ne Pechsträhne, Freundchen, ne richtige Pechsträhne. Ich ... ich ... sieh dir nicht die *Tabelle* an, sieh mich *mich* an. Shelly Levene. *Irgendwen*. Frag irgendwen bei Western. Frag Getz bei der Neuen Siedlung. Los, frag Jerry Graff. Du weißt, wer ich bin ... ICH BRAUCH NE SPRITZE. Ich muß auf diese Scheiß Tabelle. Frag sie. *Frag* sie. Frag alle, die einen Scheck kassierten, als ich Spitze war. Moss, Jerry Graff, Mitch persönlich ... Die Jungs *lebten* doch von dem Geschäft, das ich ins Haus brachte. Die *lebten* doch davon ... und Murray ebenso, John. Wärst du hier gewesen, du hättest auch davon profitiert. Und jetzt sage ich dir eines: Will ich Almosen? Will ich *Mitleid*? Ich will *Termine*. Ich will Adressen, die nicht direkt aus dem *Telefonbuch* stammen. Gib mir ne Spur, die heißer ist, und ich geh los und bring dir den Abschluß. Gib mir eine Chance. Weiter will ich gar nichts. Ich werde meinen *Platz* auf der verdammten Tabelle einnehmen, und ich will nichts weiter als eine Chance. Das ist eine *Pech*strähne, und ich werde das Blatt wenden. *(Pause)* Ich brauche deine Hilfe. *(Pause)*

WILLIAMSON	Geht nicht, Shelly, das kann ich nicht. *(Pause)*
LEVENE	Warum nicht?
WILLIAMSON	Die Adressen werden beliebig zugeteilt ...
LEVENE	*Scheiße*, das ist doch *Scheiße*, du teilst sie zu ... Was *erzählst* du mir denn da?
WILLIAMSON	... abgesehen von den Spitzenreitern auf der Wettbewerbstabelle.
LEVENE	Dann setz mich auf die Tabelle.
WILLIAMSON	Bring wieder Abschlüsse, und schon stehst du auf der Tabelle.
LEVENE	Ich kann bei diesen Adressen keinen Abschluß machen, John. Keiner kann das. Das ist ein Witz. Paß auf: Du setzt mich zusammen mit Roma ein – wir gehen gemeinsam los, er und ich, wir überrollen sie im Doppel...
WILLIAMSON	Deine Träume.
LEVENE	Okay. Okay ... Dann ... *(Pause)* John, komm: Dann brauchst du mir nur ne heiße Spur zu geben. Dann gib mir doch einfach zwei von deinen Dreisterne-Adressen. So als „Test", ja? Einfach so als „Test". Und ich verspreche dir ...
WILLIAMSON	Geht nicht, Shel, kann ich nicht ...
LEVENE	Ich gebe dir zehn Prozent. *(Pause)*
WILLIAMSON	Wovon?
LEVENE	Von dem, was von dem Abschluß für mich abfällt.
WILLIAMSON	Und was, wenn du den Abschluß nicht machst?
LEVENE	Ich *mache* den Abschluß.
WILLIAMSON	Was, wenn du den Abschluß nicht machst ...?
LEVENE	Ich *mache* den Abschluß.
WILLIAMSON	Was, wenn *nicht*? Dann sitze ich in der *Scheiße*. Siehst du ...? Denn dies ist mein Job. Das *sage* ich dir doch die ganze Zeit.
LEVENE	Ich *mache* den Abschluß. John, John, zehn Prozent. Ich kann loslegen. Das *weißt* du ...
WILLIAMSON	Nicht in letzter Zeit jedenfalls nicht ...

LEVENE	Das ist doch in die hohle Hand. Defätistisch ist das. Das ist doch in die hohle Hand geschissen. Scheiß drauf ... Komm auf meine Seite. Zieh mit mir an einem Strang. *Tun* wir doch was. Du willst dieses Büro leiten, dann *tu's* auch.
WILLIAMSON	Zwanzig Prozent.
	(Pause)
LEVENE	In Ordnung.
WILLIAMSON	Und fünfzig Dollar pro Adresse.
LEVENE	John ... *(Pause)* Hör mal. Ich möchte mit dir reden. Erlaube, daß ich einen Augenblick mit dir rede. Ich bin älter als du. Ein Mann erwirbt sich einen Ruf. Im Außendienst. Durch das, was er tut, wenn er *oben* ist, was er sonst noch tut ... Ich sage „zehn", du sagst „nein". Du sagst „zwanzig". Ich sage „gut". Ich werde doch nicht mir dir hier rumwichsen, wie kann ich dich dabei schlagen, kannst du mir das mal sagen? ... Okay. Okay. Wir ... Okay. Gut. Wir ... in Ordnung, zwanzig Prozent und fuffzig pro Adresse. Das ist gut. Jetzt im Augenblick. Das ist gut. In einem Monat oder zwei sprechen wir uns wieder. Jetzt in einem Monat. Im nächsten Monat. Nach dem Dreißigsten. *(Pause)* Dann sprechen wir uns wieder.
WILLIAMSON	Was werden wir sagen?
LEVENE	Nein. Du hast recht. Das kommt später. In einem Monat sprechen wir uns wieder. Was hast du in petto? Ich will zwei Termine. Noch heute.
WILLIAMSON	Ich weiß nicht, ob ich zwei habe.
LEVENE	Ich habe den Tabellenstand gesehen. Du hast *vier* ...
WILLIAMSON	*(schroff)* Ich habe *Roma*. Und dann habe ich *Moss* ...
LEVENE	Ein *Scheiß*. Die sind doch noch gar nicht im Büro gewesen. Gib ihnen ne harte Nuß. Haben wir was abgemacht oder nicht? Eh? Zwei Termine. Des Plaines. Gleich beide, sechs und zehn, kannst du doch machen ... sechs und zehn ...

	acht und elf, ist mir scheißegal, hast du's festgemacht? In Ordnung? Die beiden Termine in Des Plaines.
WILLIAMSON	In Ordnung.
LEVENE	Gut. Jetzt reden wir richtig.
	(Pause)
WILLIAMSON	Hundert in bar.
	(Pause)
LEVENE	Jetzt? *(Pause)* Jetzt *gleich*?
WILLIAMSON	Jetzt. *(Pause)* Ja ... wann *sonst*?
LEVENE	O Scheiße, John ...
	(Pause)
WILLIAMSON	Ich möchte ja, wenn ich könnte.
LEVENE	Du versifftes Arschloch... *(Pause)* Die habe ich nicht. *(Pause)* Die habe ich nicht, John. *(Pause)* Ich zahle sie dir morgen. *(Pause)* Ich komme mit den Verträgen hierher, ich zahle sie dir *morgen*. *(Pause)* Die *habe* ich nicht, wenn ich das *Benzin* bezahle... ich, im Hotel, ich bringe sie dir morgen vorbei.
WILLIAMSON	Kann ich nicht machen.
LEVENE	Ich gebe dir dreißig als Anzahlung jetzt, und den Rest bring ich dir dann morgen. Ich habs im Hotel. *(Pause)* John? *(Pause)* Machen wirs so, zum Teufel.
WILLIAMSON	Nein.
LEVENE	Ich frage dich. Ich bitte dich. Tust du mir den Gefallen? *(Pause)* John. *(Lange Pause)* John: meine Tochter...
WILLIAMSON	Das kann ich nicht machen, Shelly.
LEVENE	Gut, dann will ich dir mal was sagen, Junge, es ist noch nicht lange her, da hätte ich bloß den Hörer abzunehmen brauchen, ein Anruf bei *Murray*, und ich hätte deinen Job gehabt. Weißt du das? Ist noch nicht allzulange her. Weshalb, wofür? *Geschenkt*. „Mur, dieser neue Typ geht mir auf den Sack." „Shelly, der ist draußen." Du bist weg, be-

	vor ich vom Essen zurück bin. Ich habe ihm einmal einen Bermuda-Urlaub bezahlt...
WILLIAMSON	Ich muß jetzt gehen... *(Er steht auf.)*
LEVENE	Wart doch. In Ordnung. Gut. *(Er fängt an, in seinen Taschen nach Geld zu suchen.)* Die eine. Gib mir die Adresse. Gib mir die eine Adresse. Die beste, die du hast.
WILLIAMSON	Ich kann sie nicht aufteilen.
	(Pause)
LEVENE	Warum nicht?
WILLIAMSON	Weil ich es sage.
LEVENE	*(Pause)* So ist das? So ist das also? Auf diese Weise willst du Geschäfte machen... ?
	(WILLIAMSON ist aufgestanden, läßt Geld auf dem Tisch liegen.) Auf diese Weise willst du Geschäfte machen ...? In Ordnung. In Ordnung. Ja in Ordnung. Was ist denn in der anderen Kartei?
WILLIAMSON	Du willst etwas aus der B-Kartei?
LEVENE	*Ja.* Jaja.
WILLIAMSON	Habe ich dich recht verstanden?
LEVENE	Du hast mich recht verstanden. Ja. *(Pause)* Ich möchte etwas aus der anderen Kartei. Zumindest darauf habe ich doch einen Anspruch. Wenn ich hier immer noch *arbeite*, was ich im Augenblick, nehme ich an, wohl noch tue ... *(Pause)* Oder? Tut mir leid, daß ich in diesem Ton mit dir geredet habe.
WILLIAMSON	Ist schon gut.
LEVENE	Der Handel steht doch, unsere andere Abmachung.
	(WILLIAMSON zuckt mit den Achseln, will den Tisch verlassen.) Gut. Hmm. Ich, weißt du, ich habe meine Brieftasche im Hotel liegen lassen. In Ordnung. Hmm. *(Pause)* Hmm ... Schön.

2. Szene

Eine Eßnische im Restaurant. Am Tisch MOSS *und* AARONOW. *Nach dem Essen*

MOSS	Polacken und Penner.
AARONOW	... Polacken ...
MOSS	Alles *Penner*.
AARONOW	... die kleben an ihrem Geld ...
MOSS	Aber auch alle. Die, he! Das passiert uns allen.
AARONOW	Wo soll ich denn jetzt arbeiten?
MOSS	Kopf hoch, George, noch bist du nicht draußen.
AARONOW	Meinst du?
MOSS	Du hast einen Verkauf versaut. Scheißspiel. Polacken, die schachern, die Penner. Scheißspiel. Wie willste denen *überhaupt* was verkaufen ...? Dein Fehler, du hättest die Adressen nicht nehmen sollen.
AARONOW	Ich mußte ja.
MOSS	Du mußtest, ja. Warum?
AARONOW	Um auf die Ta...
MOSS	Um auf die Tabelle zu kommen. Klar. Und wie willst du auf die Tabelle kommen, wenn du an Polacken verkaufst? Und ich sag dir, ich sag dir *noch* eins. Hörst du auch zu? Ich sag dir noch eins: Versuch bloß nie, an einen Inder zu verkaufen.
AARONOW	Ich würde nie versuchen, an einen Inder zu verkaufen.
MOSS	Man kriegt diese Namen, die tauchen auf, hast du sie schon mal gehabt, „Patel"?
AARONOW	Hmmm ...
MOSS	Hast du die schon mal gehabt?
AARONOW	Ja einmal hatte ich einen, glaube ich.
MOSS	Ach ja?
AARONOW	Ich ... ich weiß nicht.
MOSS	Hätteste einen gehabt, würdeste das wissen. *Patel*. Die tauchen immer wieder auf. Ich weiß nicht. Die reden gerne

mit Vertretern. *(Pause)* Die sind *einsam* oder so. *(Pause)* Die fühlen sich gerne über*legen*, ich weiß nicht. Ham auch nie nur einen Scheiß gekauft. Du setzt dich hin: „Rio Rancho hier, etcetera pp." „Der Bergblick da", „O ja, mein Bruder hat mir davon erzählt ..." Die haben einen heißen Draht. Scheißpack, die Inder, George. Nicht mein Bier. Wo wir grade vom Trinken reden, will ich dir was sagen: *(Pause)* Nicht mal eine Tasse Tee habe ich bei denen bekommen. Du siehst sie in den Restaurants. Eine arrogante Rasse. Was machen die nur immer für ein *Gesicht* die ganze Zeit? Ich weiß nicht. *(Pause)* Ich weiß auch nicht. Ihre Weiber sehen immer so aus, als wären sie grade von nem toten *Kater* gefickt worden, ich weiß nicht. *(Pause)* Ich weiß auch nicht und ich hasse das. Sakr...

AARONOW Was?

MOSS Die ganze beknackte Sache ... Der Druck ist einfach zu groß. Man ist ab... man ist ab... sie sind viel zu wichtig. Sie alle. Du kommst rein in die Tür. Ich... „Ich muß mit diesem Wichser den *Abschluß* machen oder ich habe nichts zu beißen." „Oder ich gewinne keinen *Cadillac* ..." ... Wir schaffen uns, wir arbeiten zu hart. Du arbeitest zu hart. Wir alle, ich weiß noch, als wir bei Platt waren ... hmh? Glen Ross, Meerblick im Grünen ... haben wir *davon* nicht ne ganze Stange verkauft ...?

AARONOW Die kamen rein und die, weißt du ...

MOSS Ja, die haben das versaut.

AARONOW Das stimmt.

MOSS Sie haben die Gans geschlachtet.

AARONOW Das stimmt.

MOSS Und jetzt ...

AARONOW Stecken wir in *dieser* ...

MOSS Jetzt stecken wir in *dieser* beknackten Scheiße ...

AARONOW	... in *dieser* Scheiße ...
MOSS	Das ist zu ...
AARONOW	Genau.
MOSS	Wie?
AARONOW	Das ist zu ...
MOSS	Du hast einen schlechten Monat, ganz plötz...
AARONOW	Bist du ... bist du ...
MOSS	Ganz plötzlich bist du weg vom Fenster ...
AARONOW	Ich, ich ... ich
MOSS	Schöne *Wettbewerb*stabelle ...
AARONOW	Ich ...
MOSS	Das ist nicht reell.
AARONOW	Das ist es nicht.
MOSS	Nein.
	(Pause)
AARONOW	Und das ist auch den *Kunden* gegenüber nicht reell.
MOSS	Das meine ich auch. Ich sage dir, man muß, weißt du, man muß ... Was habe ich am Anfang bei Western gelernt? Du darfst den Leuten nicht *ein* Auto verkaufen. Du mußt ihnen *fünf* Autos über fünfzehn Jahre verkaufen.
AARONOW	Das stimmt?
MOSS	Wie?
AARONOW	Das stimmt?
MOSS	Und ob das stimmt, das stimmt verdammt. Kerl kommt an: „Ach, das ist ja zum ... ich weiß, was ich tue: Ich steig da ein und räum den ganzen Laden aus und geh nach Argentinien, denn auf *den* Gedanken ist noch nie einer gekommen."
AARONOW	... das stimmt ...
MOSS	Wie?
AARONOW	Nein. Das stimmt ganz genau.
MOSS	Also schlachten sie die Gans. Ich, ich, ich muß ... als gestandener Mann, der sein ganzes *Leben* geschuftet hat, muß ich ...

AARONOW	... das stimmt ...
MOSS	Devot den *Schwanz* einziehen.
AARONOW	*(gleichzeitig mit „Schwanz")* Den Kopf, ja, den Schwanz einziehen.
MOSS	Für diese Scheiß Nummer „Mach zehntausend und du gewinnst die Steakmesser ..."
AARONOW	Für diese *Sales Pro...*
MOSS	... Sales Promotion, „*Verlierst* du, wirst du geschaßt." ... Nein. Das ist finsteres *Mittelalter* ... Das ist verkehrt. „Oder wir feuern dich mit dem Arsch zuerst." Das ist verkehrt.
AARONOW	Ja.
MOSS	Ja, verkehrt. Und weißt du, wer dafür verantwortlich ist?
AARONOW	Wer?
MOSS	Du weißt doch wer. Mitch. Und Murray. Weil so muß es ja nun nicht sein.
AARONOW	Nein.
MOSS	Sieh dir Jerry Graff an. Der ist *fein* raus, er macht Geschäfte auf *eigene* Faust, er hat seine, er hat diese Liste, diese *Krankenschwesternkartei* ... Verstehst? Verstehst du? Das ist *Köpfchen*. Warum bloß zehn Prozent? Zehn Prozent Provi... warum den Rest verschenken? Warum verschenken wir neunzig Pro... für *gar* nichts. Für irgendson Wichser, der im Büro hockt und dir sagt: „Geh hin, und schließ ab." „Los, gewinn den Cadillac." Graff. Der geht los und *kauft*. Der zahlt Spitzengelder für die ... verstehst du?
AARONOW	Ja.
MOSS	Das ist *Köpfchen*. Also, er hat die Kartei, er macht sich selbständig. Er hat ... das nenn ich ... das ist *Köpfchen*! „Wer? Na wer hat einen festen Job und Zaster, an den keiner rankommt, na wer schon?"
AARONOW	Krankenschwestern.
MOSS	Also kauft Graff diese Scheiß Kartei, lauter Krankenschwestern,

	fürn Tausender – wenn er zwei hingelegt hat, freß ich 'n Besen – vier, fünftausend Krankenschwestern, und er knackt sie wie *verrückt* ...
AARONOW	... wie verrückt?
MOSS	Er steht *sehr* gut da.
AARONOW	Ich habe gehört, da läuft nichts mehr.
MOSS	Bei den Krankenschwestern?
AARONOW	Ja.
MOSS	Man hört so aller*hand* ... Er steht sehr gut da. Er steht *sehr* gut da.
AARONOW	Mit River Oaks?
MOSS	River Oaks, Brook Farms. Die *ganze* Scheiß Schose. Hat mir jemand erzählt: Weißt du, was er *selber* für Reingewinne einsteckt? Vierzehn, fuffzehntausend die *Woche*.
AARONOW	Selber?
MOSS	Das *sage* ich doch. Wieso? Die *Adressen*. Er hat die guten Adressen ... und wo sind wir, wir sitzen hier in der Scheiße. Wieso? Wir müssen sie uns bei *denen* abholen. Hah. Neunzig Prozent von unserm Umsatz geht dafür drauf, das zahlen wir dem *Büro* für die Adressen ...
AARONOW	Die Adressen, Betriebskosten, Telefon, da ist noch aller*hand*.
MOSS	Was brauchste denn? Ein *Telefon*, ne Tussi, die „Guten Morgen" sagt, sonst nichts ... sonst nichts ...
AARONOW	Nein, so einfach ist das nicht, Dave ...
MOSS	*Doch*. Das ist es. Es ist einfach, und weißt du, was das Schwierige dabei ist?
AARONOW	Was?
MOSS	Anfangen.
AARONOW	„Schwierig" wobei?
MOSS	Es zu tun. Der Un... der Unterschied. Zwischen mir und Jerry Graff. Selbst ins Geschäft einzusteigen. Das Schwierige dabei ist ... weißt du, was das ist?

AARONOW	Was?
MOSS	Der Entschluß.
AARONOW	Entschluß wozu?
MOSS	Zur Tat. Zu sagen: „Ich mache mich selbständig." Denn was tust du denn, George, ich will dir sagen, was du tust: Du unterwirfst dich einem fremden *Joch*. Und wir ver*sklaven* uns. Aus Beflissenheit. Um irgendeinen Scheiß *Toaster* zu gewinnen ... um ... um ... und der Kerl, der zuerst da war, hat diese ...
AARONOW	... stimmt ...
MOSS	Er hat diese Regeln *auf*gestellt, und wir arbeiten für ihn.
AARONOW	Das ist die Wahrheit.
MOSS	Das ist die *reine* Wahrheit. Und das macht mich fertig. Das *schwöre* ich dir. In MEINEM ALTER. So was Gottverdammtes sehen zu müssen: „Soundso gewinnt in diesem Monat den Cadillac. P.S. Zwei fliegen raus."
AARONOW	Hah.
MOSS	Du sägst dein Verkaufsteam nicht *ab*.
AARONOW	Nein.
MOSS	Du ...
AARONOW	Du ...
MOSS	Du baust es *auf*!
AARONOW	Genau das sage ich ...
MOSS	Du baust es *auf*, zum Teufel! Männer, die ...
AARONOW	Männer, die für dich *arbeiten* wollen ...
MOSS	... du hast absolut recht.
AARONOW	Sie ...
MOSS	Sie haben ...
AARONOW	Wenn sie ...
MOSS	Jajaja eben, wenn sie dir deinen Betrieb *auf*bauen, kannst du nicht einfach den Spieß umdrehen, sie ver*sklaven*, sie wie *Kinder* behandeln, sie in den Arsch ficken, sie im Stich

	lassen, daß sie sich allein durchschlagen müssen ... nein. *(Pause)* Nein. *(Pause)* Du hast absolut recht, und ich will dir was sagen.
AARONOW	Was?
MOSS	Ich will dir sagen, was irgendwer tun müßte.
AARONOW	Was?
MOSS	Irgendwer müßte *auf*stehen und *zurück*schlagen.
AARONOW	Wie meinst du das?
MOSS	*Irgend jemand ...*
AARONOW	Ja ...?
MOSS	Müßte *ihnen* irgendwas tun.
AARONOW	Was?
MOSS	Irgendwas. Um es ihnen heimzuzahlen. *(Pause)* Irgend jemand, jemand müßte ihnen was antun. Murray und Mitch.
AARONOW	Jemand müßte ihnen was antun.
MOSS	Ja. *(Pause)*
AARONOW	Wie?
MOSS	Wie? Irgendwie schaden, daß es sie trifft. In ihrem Leben.
AARONOW	Und?
	(Pause)
MOSS	Jemand müßte ins Büro einbrechen.
AARONOW	Hmh.
MOSS	Das *sage* ich doch. Wenn wir, wären wir solche Kerle, einfach losschlagen, den Laden auseinander nehmen, sieht wie ein Einbruch aus, und die Kartei *aus*räumen mit den Scheiß Adressen ... und zu Jerry Graff gehen. *(Lange Pause)*
AARONOW	Was könnten wir dafür kriegen?
MOSS	Was wir dafür *kriegen* könnten? Was weiß ich. Pro Schuß 'n Dollar ... anderthalb pro Schuß ... was weiß ich ... He, wer

	weiß, was sie wert sind, was *bezahlen* die denn dafür? Alles in allem ... die müßten, ich ... drei kleine Scheine pro Schuß ... was weiß ich.
AARONOW	Wie viele Adressen haben wir denn?
MOSS	*Die Glengarry...* die Dreisterne-Adressen ...? Ich würde sagen, wir haben fünftausend. Fünf. Fünftausend Adressen.
AARONOW	Und du meinst, jemand könnte sie sich schnappen und an Jerry Graff verkaufen.
MOSS	Ja.
AARONOW	Wie willst du wissen, ob er sie auch kauft?
MOSS	Graff? Weil ich für ihn gearbeitet habe.
AARONOW	Du hast nicht mit ihm geredet.
MOSS	Nein. Wie meinst du das? Geredet mit ihm über *diese Sache*? *(Pause)*
AARONOW	Ja. Ich meine, diese Sache, *redest* du tatsächlich darüber oder sind wir bloß dabei ...
MOSS	Nein, wir sind bloß ...
AARONOW	Wir sind bloß dabei, darüber zu „reden".
MOSS	Wir *sprechen* bloß darüber. *(Pause)* So als *Idee*.
AARONOW	So als Idee.
MOSS	Ja.
AARONOW	Wir *reden* also nicht tatsächlich darüber.
MOSS	Nein.
AARONOW	Wir reden darüber nicht als ...
MOSS	*Nein.*
AARONOW	Als Diebstahl.
MOSS	Als „Diebstahl"?! Nein.
AARONOW	Na *ja*. Ja dann ...
MOSS	He. *(Pause)*
AARONOW	Also diese ganze Sache, hm, du hast doch nicht, ich meine,

	du bist doch nicht *tatsächlich* bei Graff gewesen und hast mit ihm geredet.
MOSS	Tatsächlich eigentlich nicht. Nein.
	(Pause)
AARONOW	Hast du doch nicht.
MOSS	Nein. Nicht eigentlich.
AARONOW	Hast du nun?
MOSS	Was hab ich gesagt?
AARONOW	Was du gesagt hast?
MOSS	Ja. *(Pause)* Ich sagte „nicht eigentlich". Du machst dir Scheiß Sorgen, George? Wir *reden* doch bloß …
AARONOW	Wirklich?
MOSS	Ja.
	(Pause)
AARONOW	Weil, weil, du weißt, es ist ein Ver*brechen*.
MOSS	Stimmt genau. Ein Verbrechen. Es ist ein Verbrechen. Es ist auch eine sichere Sache.
AARONOW	Du redest tat*säch*lich über diese Sache?
MOSS	Stimmt genau.
	(Pause)
AARONOW	Du willst die Adressen stehlen?
MOSS	Habe ich das gesagt?
	(Pause)
AARONOW	Willst du?
	(Pause)
MOSS	Habe ich das denn gesagt?
AARONOW	Hast du mit Graff geredet?
MOSS	Habe ich das etwa gesagt?
AARONOW	Was hat er gesagt?
MOSS	Was er gesagt hat? Daß er sie *kauft*.
	(Pause)
AARONOW	Du willst die Adressen stehlen und ihm die Adressen verkaufen?

(Pause)

MOSS Ja.

AARONOW Was will er zahlen?

MOSS Pro Schuß 'n Schein.

AARONOW Für fünftausend?

MOSS Wieviel auch immer, so steht der Deal. Pro Schuß einen Kleinen. Fünftausend Dollar. Du kannst halbe-halbe ...

AARONOW Du meinst, ich ...

MOSS Ja. *(Pause)* Zweifünf pro Nase. Eine kleine Nachtarbeit und den Job bei Graff. Arbeit mit den Dreisterne-Adressen. *(Pause)*

AARONOW Ein Job bei Graff.

MOSS Das habe ich gesagt?

AARONOW Er würde mir einen Job geben.

MOSS Er würde dich nehmen. Ja. *(Pause)*

AARONOW Ist das die Wahrheit?

MOSS Ja, George. Das ist die Wahrheit. *(Pause)* Ja. Es ist eine schwere Entscheidung. *(Pause)* Und es ist eine Entscheidung, die sich schwer lohnt. *(Pause)* Eine große Belohnung. Für die Arbeit einer Nacht. *(Pause)* Aber es muß heute nacht sein.

AARONOW Was?

MOSS Was? Was? Die *Adressen*.

AARONOW Du mußt die Adressen heute nacht stehlen?

MOSS Stimmt *genau*, die Jungs lagern die Kartei in die City-Zentrale aus. Nach dem Dreißigsten. Murray und Mitch. Nach dem Wettbewerb.

AARONOW Du, äh, du willst damit sagen, daß du heute nacht da einsteigen mußt und ...

MOSS *Du ...*

AARONOW Wie bitte?

MOSS *Du.*

	(Pause)
AARONOW	Ich?
MOSS	Du mußt einsteigen. *(Pause)* Du mußt die Adressen holen. *(Pause)*
AARONOW	Ich muß?
MOSS	Ja.
AARONOW	Ich ...
MOSS	Geschenkt gibt es hier nichts, George, ich habe dich in diese Sache eingeweiht, du mußt jetzt ran. Das ist deine Sache. Ich habe den Deal mit Graff gemacht. Ich kann also nicht, ich habe schon zuviel darüber geredet. Ich habe einen großen Mund. *(Pause)* „Die Scheiß Adressen etcetera blabla" ... „diese Scheiß Firma, die den Arsch zukneift ..."
AARONOW	Wenn du zu Graff überwechselst, werden sie wissen, daß ...
MOSS	Was werden sie wissen? Daß ich die Adressen gestohlen habe? Ich habe die Adressen nicht gestohlen, ich gehe heute abend mit einer Freundin ins Kino, und dann gehe ich ins Como Inn. Warum ich zu Graff bin? Ich hatte ein besseres Angebot. *Basta.* Sie müssen mir schon etwas beweisen. Sie können nichts beweisen, was nicht der Fall ist. *(Pause)*
AARONOW	Dave.
MOSS	Ja.
AARONOW	Du willst, daß ich heute nacht ins Büro einbreche und die Adressen stehle?
MOSS	Ja. *(Pause)*
AARONOW	Nein.
MOSS	O doch, George.
AARONOW	Was soll das heißen?
MOSS	Hör zu. Ich habe ein Alibi. Ich gehe ins Como Inn, warum? Warum? Es wird eingebrochen, schon werden sie kommen

und nach *mir* suchen. Warum? Weil ich der mutmaßliche Täter bin. Wirst du mich verraten? *(Pause)* George? Wirst du mich verraten?

AARONOW	Was, wenn du nicht gefaßt wirst?
MOSS	Kommen sie zu dir, wirst du mich verraten?
AARONOW	Warum sollten sie zu mir kommen?
MOSS	Sie werden zu *jedem* kommen.
AARONOW	Warum sollte ich es *tun*?
MOSS	Eben, du nicht, George, deshalb rede ich doch mit dir. Antworte mir. Wenn sie zu dir kommen. Wirst du mich verraten?
AARONOW	Nein.
MOSS	Bestimmt nicht?
AARONOW	Ja. Bestimmt nicht.
MOSS	Dann hör mir gut zu: Ich muß diese Adressen heute nacht bekommen. Das ist eine Sache, die ich machen muß. Wenn ich nicht im *Kino* bin ... wenn ich nicht esse drüben im Inn... Wenn du es nicht machst, dann muß *ich* hierherkommen ...
AARONOW	... du brauchst nicht herzukommen.
MOSS	... und den *Einbruch* begehen ...
AARONOW	... ich dachte, daß wir bloß darüber reden ...
MOSS	... sie *holen* mich dann. Sie werden mich fragen, wer meine Komplizen waren ...
AARONOW	*Ich*?
MOSS	Genau.
AARONOW	Das ist doch lachhaft.
MOSS	Nun, vor dem Gesetz bist du mitschuldig an der Tat. Als Mitwisser.
AARONOW	Ich wollte keiner sein.
MOSS	Pech für dich, George, denn du bist es schon.
AARONOW	Warum? *Warum*, bloß weil du mir davon *erzählt* hast?

MOSS	Genau.
AARONOW	Warum tust du mir das an, Dave? Warum redest du so mit mir? Ich verstehe das nicht. Warum machst du das *überhaupt* ... ?
MOSS	Das geht dich einen Scheißdreck an ...
AARONOW	Jajaja, *redest* mit mir, wir haben zusammen gegessen, und schon sitz ich da als *Verbrecher* ...
MOSS	Du hast dich dran *hoch*gezogen.
AARONOW	Theoretisch ...
MOSS	Und ich eben praktisch.
AARONOW	Warum?
MOSS	Warum? Warum wirst *du* mir fünftausend geben?
AARONOW	Brauchst du denn fünftausend?
MOSS	Habe ich das gerade gesagt?
AARONOW	Du brauchst Geld, ist es das ...
MOSS	He, he, immer schön langsam, was ich brauche, steht nicht zur De... was brauchst du ...?
AARONOW	Was ist mit den fünftausend? *(Pause)* Was ist, du hast gesagt, daß wir sie *teilen* wollten, die fünf...
MOSS	Ich habe gelogen. *(Pause)* Kapiert? Was für mich rausspringt, ist *meine* Sache. Für dich springen zwei-fünf raus. Ja oder nein, das überlasse ich dir. Sagst du nein, mußt du die Konsequenzen tragen.
AARONOW	Muß ich?
MOSS	Ja.
	(Pause)
AARONOW	Und warum muß ich das?
MOSS	Weil du zugehört hast.

3. Szene

Das Restaurant. ROMA *sitzt allein in seiner Nische am Tisch.* LINGK *sitzt in der Nische nebenan.* ROMA *redet mit ihm.*

ROMA ... in allen Eisenbahnabteilen riecht es undefinierbar nach Scheiße. Schließlich macht es einem gar nichts mehr aus. Das ist das Schlimmste, was ich zu beichten habe. Wissen Sie, wie lange ich brauchte, um so weit zu kommen? Eine lange Zeit. Wenn es ans *Sterben* geht, werden Sie den Dingen nachtrauern, die sie nicht getan haben. Sie halten sich für *absonderlich* ... ? Ich werde Ihnen etwas sagen: Wir sind *alle* absonderlich. Sie halten sich für einen *Dieb*? *Na und*? Sie lassen sich von einer kleinbürgerlichen Moral verwirren ...? Bloß *weg* damit. Vom Leibe halten. Sie haben Ihre Frau betrogen? Sie haben es *getan, leben* Sie damit. *(Pause)* Sie ficken kleine Mädchen, gut, so *sei* es. Es gibt eine absolute Moral? Kann sein. Und was *dann*? Wenn Sie meinen, daß es sie gibt, dann *sei* es eben so. Die schlechten Menschen kommen in die Hölle? Meiner Meinung nach nicht. Wenn Sie das meinen, handeln Sie danach. Es gibt eine Hölle auf Erden? Ja, ich werde nicht in ihr leben. So bin *ich*. Haben Sie jemals eine Wurst gelegt und dann das Gefühl gehabt, als hätten Sie gerade zwölf Stunden geschlafen ...?

LINGK Ob ich ...?

ROMA Ja.

LINGK Weiß ich nicht.

ROMA Oder ge*pißt* ...? Ein tolles Menü verblaßt in der Erinnerung. Alles andere gewinnt. Wissen Sie warum? Weil es nur Nahrungsmittel sind. Die Scheiße, die wir fressen, sie hält uns in Gang. Doch es sind nur Nahrungsmittel. Die tollen Ficks die Sie erlebt haben mögen. An was können Sie sich davon noch erinnern?

LINGK	An was ich mich davon ...?
ROMA	Ja.
LINGK	Hmmm ...?
ROMA	Ich weiß nicht. Für *mich*, also meinerseits würde ich sagen, für mich ist es wohl nicht der Orgasmus. Irgendwelche Weiber, Arme an meinem Hals, irgend etwas, das von ihren *Augen* ausging. Da war ein *Geräusch*, das sie machte ... oder ich, wie ich so, ja ich kann es Ihnen sagen: Wie ich im Bett liege: Am nächsten Morgen brachte sie mir *Café au lait*. Gibt mir eine Zigarette, meine Eier fühlen sich an wie Beton. Eh? Was ich damit sagen will, was ist unser Leben: *(Pause)* Es ist ein Vorwärtsschauen oder es ist ein Zurückschauen. Und das ist unser Leben. Das *ist* es. Wo ist der entscheidende *Augenblick*? *(Pause)* Und was ist das, wovor wir Angst haben? Verlust. Was sonst? *(Pause)* Die *Bank* macht pleite. Wir werden *krank*, meine Frau ist bei einem Flugzeugabsturz umgekommen, die Börse ist zusammengebrochen ... das Haus abgebrannt ... was ist von alledem geschehen ...? Nichts davon. Wir machen uns trotzdem Sorgen. Was hat das zu bedeuten? Ich fühle mich nicht *sicher*. Wie kann ich Sicherheit gewinnen? *(Pause)* Durch die Anhäufung von Reichtümern über alles Maß hinaus? Nein. Und was heißt schon über alles Maß hinaus? Das ist eine Krankheit. Das ist eine Falle. Es gibt kein Maß. Bloß Gier. Wie können wir handeln? Richtig; also könnten wir sagen: „Die Chancen stehen Eins zu einer Million, daß das und das geschehen wird ... *Scheiß* drauf, *mir* wird es schon nicht passieren" ... Falsch meine ich, korrekterweise müßten wir sagen: „Die Chancen stehen Eins zu Soundsoviel, daß dies geschehen wird ... Gott *schütze* mich. Ich bin machtlos, laß es nicht an mir geschehen ..." Doch *nein*, beides falsch, sag ich. Ich sage. Es gibt etwas anderes. Und

was? „Falls es geschieht, WIE ES GESCHEHEN MAG, denn das steht nicht in unserer Macht, so werde ich darauf ebenso reagieren, wie ich mich *heute* jener Sache zuwende, die heute mein Interesse auf sich zieht." Ich sage, *so* müssen wir handeln. Ich tue jene Dinge, die mir *heute* korrekt erscheinen. Ich verlasse mich auf mich selbst. Und wenn mir an Sicherheit gelegen ist, so tue ich das, von dem ich *heute* annehme, daß es mir Sicherheit gibt. Und wenn ich das jeden Tag *tue* und dann jener Tag *kommt*, an dem ich eine *Rücklage* als Reserve brauche, so spricht 1. alle Wahrscheinlichkeit dafür, daß ich sie auch besitze, und 2. besteht die *wahre* Rücklage, die ich besitze, in jener Kraft, über die ich verfüge, *jeden Tag ohne Angst zu handeln*. *(Pause)* Dem Diktat meines Geistes gehorchend. *(Pause)* Aktien, Pfandbriefe, Kunstwerke, ja Immobilien. Nun: Was stellen sie dar? *(Pause)* Eine Gelegenheit. Wozu? Um Geld zu machen? Vielleicht. Um Geld zu verlieren? Vielleicht. Um uns „auszuleben" und etwas über uns selbst zu „erfahren"? Vielleicht. *Scheiß und na und, was weiter?* Was ist denn keine? Eine *Gelegenheit* also. Und ein *Ereignis*. Jemand kommt zu Ihnen, spricht mit Ihnen, dann ein Anruf, dann ein Prospekt, eine Broschüre, ist ja egal. „Diese *Grundstücke* hier, bitte, die möchte ich Ihnen gerne einmal zeigen." Was heißt das? Es heißt das, was Sie wollen. *(Pause)* Geld? *(Pause)* Wenn es das ist, was es für Sie bedeutet. Sicherheit? *(Pause)* Ein beruhigendes Gefühl? „Irgendson Saftsack will bei mir absahnen." Oder: „Ich spür es in mir, das Schicksal ruft"... alles in allem nur DINGE, DIE IHNEN PASSIEREN. *(Pause)* Das ist alles, mehr nicht. Wie die sich unterscheiden? *(Pause)* Ein armer Kerl, jungverheiratet, wird von einer Taxe überfahren. Ein kleiner *Pikkolo* gewinnt das große Los ... *(Pause)* Alles in allem ist es nur ein

	Rummelplatz. Was ist so besonders … was *zieht* uns …? *(Pause)* Wir unterscheiden uns alle. *(Pause)* Wir gleichen uns nicht … *(Pause)* Wir gleichen uns nicht … *(Pause)* Hmmm … *(Pause. Er stöhnt.)* War das ein langer Tag. *(Pause)* Was trinken Sie denn?
LINGK	Gimlet.
ROMA	Na dann trinken wir doch noch einen. Ich heiße Richard Roma, wie heißen Sie?
LINGK	Lingk. James Lingk.
ROMA	James. Ich freue mich, Sie kennenzulernen. *(Sie schütteln sich die Hände.)* Ich freue mich so, Sie kennenzulernen, James. *(Pause)* Ich möchte Ihnen etwas zeigen. *(Pause)* Es wird Ihnen vielleicht nichts sagen … aber vielleicht doch. Ich weiß nicht. Ich weiß auch nicht mehr. *(Pause. Er holt eine kleine Landkarte hervor und breitet sie auf dem Tisch aus.)* Was ist das? Florida. Die grünen Glengarry Highlands. Florida. „Florida. *Zum Kotzen.*" Und vielleicht stimmt das auch, und vielleicht hab ich das auch gesagt. Aber schauen Sie doch mal: Was ist das *hier*? Das ist ein Stück Land. Hören Sie gut zu, was ich Ihnen jetzt zu sagen habe …

Ende des ersten Aktes

Zweiter Akt

Das Büro der Immobilienfirma, ausgeraubt. Ein großes, kaputtes Fenster mit Brettern vernagelt. Überall auf dem Boden Glasscherben. AARONOW *und* WILLIAMSON *stehen rauchend da. Pause*

AARONOW	Früher hat man gesagt, daß es Zahlen von solcher Größe gibt, daß die Multiplikation mit zwei nichts daran ändert. *(Pause)*
WILLIAMSON	Wer hat das gesagt?
AARONOW	In der Schule. *(Pause.* BAYLEN, *ein Kriminalbeamter, kommt aus dem inneren Büroraum.)*
BAYLEN	Können wir ...? *(*ROMA *betritt das Büro von der Straße.)*
ROMA	*Williamson ... Williamson, die Verträge sind gestohlen ...?*
BAYLEN	Entschuldigen Sie, Sir ...
ROMA	Haben sie meine Verträge?
WILLIAMSON	Sie haben ...
BAYLEN	Entschuldigen Sie, Freundchen.
ROMA	... ham sie nun ...
BAYLEN	Würden Sie uns bitte entschuldigen ...?
ROMA	*Wichs* mich nicht *an*, Freundchen. Ich rede von einer Scheiß Karre von Cadillac, die du mir schuldig bist ...
WILLIAMSON	Deinen Vertrag haben sie nicht gekriegt. Ich habe ihn gebucht, bevor ich ging.
ROMA	Meine Verträge haben sie nicht?
WILLIAMSON	Sie – entschuldige mich ... *(Er geht zusammen mit dem Kriminalbeamten in den inneren Büroraum.)*
ROMA	O Scheiße. Scheiße. *(Er fängt an, gegen den Schreibtisch zu treten.)* SCHEISSE PISSE KACKE! WILLIAMSON!!! WILLIAMSON!!! *(Er geht an die Tür, hinter der* WILLIAMSON *verschwunden ist,*

	will sie öffnen, sie ist verschlossen.) MACH DIE SCHEISS TÜR AUF ... WILLIAMSON ...
BAYLEN	*(kommt heraus)* Wer sind Sie?
	(WILLIAMSON kommt heraus.)
WILLIAMSON	Sie haben die Verträge nicht gekriegt.
ROMA	Haben sie ...
WILLIAMSON	Sie haben, nun hör mal zu ...
ROMA	Die ...
WILLIAMSON	Hör mir mal zu: Sie haben 'n *paar* davon gekriegt.
ROMA	'n paar ...
BAYLEN	Wer hat Ihnen gesagt, daß ...?
ROMA	Wer mir was gesagt ...? Sie ham vielleicht ne Scheiß Mei... ne... Sie ham ne ... wer ist das ...? Mit einem *Brett* hier vorm Fenster ... *Moss* hats mir gesagt.
BAYLEN	*(blickt sich um in den inneren Raum)* Moss ... Wer hat es ihm gesagt?
ROMA	Scheiß woher soll *ich* das wissen? *(Zu WILLIAMSON)* Was ... nun *red* schon.
WILLIAMSON	Sie haben ein *paar* von den Ver...
ROMA	... ein paar von den Verträgen ... Lingk. James Lingk. Mein Abschluß ...
WILLIAMSON	Dein Abschluß von gestern.
ROMA	Ja.
WILLIAMSON	Ist bei den Akten. Ich habe ihn gebucht.
ROMA	Wirklich?
WILLIAMSON	Ja.
ROMA	Dann bin ich aus der Scheiße, ich bin an der Spitze, und du bist mir einen Cadillac schuldig.
WILLIAMSON	Ich ...
ROMA	Und ich will keine abgefackte Scheiße mehr, hörst du, und es ist mir scheißegal, Lingk bringt mich an die Spitze, du hast es gebucht, wie schön, wenn irgendson anderer

	Scheißkerl abspringt, gehst *du* aber hin. Du ... dann machst *du* den Abschluß nochmal und du ... du bist mir den Wagen schuldig.
BAYLEN	Würden Sie uns jetzt entschuldigen, bitte.
AARONOW	Ich, ähmm, und viel, vielleicht sind sie ver... sind sie ver... du müßtest doch, John, wenn wir versi...
WILLIAMSON	Aber sicher sind wir versichert, George ... *(Geht zurück in den Innenraum)*
ROMA	Scheiß versichert. Du schuldest mir einen Wagen.
BAYLEN	*(kommt zurück, mischt sich wieder ein)* Bleiben Sie bitte hier. Ich habe mit Ihnen zu reden. Wie heißen Sie?
ROMA	Reden Sie mit mir?
	(Pause)
BAYLEN	Ja.
	(Pause)
ROMA	Ich heiße Richard Roma.
	(BAYLEN geht zurück in den Innenraum.)
AARONOW	Ich, weißt du, die müßten versichert sein.
ROMA	Was kümmert *dich* das ...?
AARONOW	Dann, weißt du, würden die sich nicht so aufre...
ROMA	Ja. Das haut hin. Ja. Du hast recht. *(Pause)* Wie stehts denn?
AARONOW	Prima. Du meinst die *Tabelle*? Du meinst den *Tabellenstand* ...?
ROMA	Nein, ich ... ja. Na gut, ich meine den Tabellenstand.
AARONOW	Ich, ich, ich, ich hab verschissen auf der Tabelle. *Du*, du siehst ja ... ich ... *(Pause)* Ich schaff keine ... meine Gedanken müssen ganz woanders sein. Denn ich schaffe einfach keine ...
ROMA	*Was?* Du schaffst keine *was*?
	(Pause)
AARONOW	Ich schaffe keine Abschlüsse mehr.
ROMA	Nun, die sind alt. Ich hab die Scheiß Sachen gesehen, die sie dir geben.

AARONOW	Ja.
ROMA	Hmh?
AARONOW	Ja. Die sind alt.
ROMA	Die sind uralt.
AARONOW	Wie ...
ROMA	Wiesengrund. Die Scheiße ist kalt. *(Pause)*
AARONOW	Die ist kalt.
ROMA	Reine Zeitverschwendung.
AARONOW	Ja. *(Lange Pause)* Ich tauge einen Dreck.
ROMA	Das ist ...
AARONOW	Alles was ich ... *du* weißt das ...
ROMA	Das ist nicht ... Schluß mit dem Scheiß, George. Du bist, *he*, du hattest einen schlechten Monat. Du bist ein Klasse Mann, George.
AARONOW	Wirklich?
ROMA	Du hast ne Pechsträhne erwischt. Wir alle ... sieh dir das an: Fünfzehn Einheiten Meerblick, und die Scheißdinger werden geklaut.
AARONOW	Er sagt, er hat sie gebucht ...
ROMA	Die Hälfte hat er gebucht, den *Großen* hat er gebucht. All die Kleinen muß ich, da muß ich wieder hin und ... O Scheiße, ich muß wieder los wie'n abgefackter Saftsack, Hut in der Hand, und alles nochmal ab... *(Pause)* Ich meine, wo wir grad bei ner Pechsträhne sind, so was kastriert doch *jedermanns* Selbstver... Ich muß wieder los und meine ganzen Verträge nochmal ab... Wo sind die Telefone?
AARONOW	Geklaut.
ROMA	Geklaut die Te...?
AARONOW	Was. Was für einen Laden haben wir hier eigentlich, wo ... wo jeder ...
ROMA	*(zu sich)* Die Telefone geklaut.

AARONOW	Wo *Verbrecher* reinspazieren können ... und nehmen die ... Sie haben die Telefone geklaut.
ROMA	Sie haben die Kartei geklaut. Sie ... *Zum Teufel. (Pause)* Was mach ich bloß diesen Monat? *O Scheiße ... (Er geht auf die Tür zu.)*
AARONOW	Du meinst, sie schnappen die ... wo willst du hin?
ROMA	Raus auf die Straße.
	(WILLIAMSON steckt den Kopf durch die Tür.)
WILLIAMSON	Wo willst du hin?
ROMA	Ins Restau... was fürn Scheiß geht dich das ...
WILLIAMSON	... willst du heute keine Kunden besuchen?
ROMA	Wie denn womit? *(Pause)* Womit denn, John, die Kartei ist geklaut ...
WILLIAMSON	Ich hab noch die vom letzten Jahr ...
ROMA	Ach. Ach. Ach deine „Nostalgie"-Kartei, wie fein. Nein. Niedlich. Denn diesen Monat brauch ich ja nichts zu ...
WILLIAMSON	... du willst heute Kunden besuchen ...?
ROMA	Denn diesen Monat brauch ich ja nichts zu *beißen.* Nein. Na gut. Gib sie her ... *(Zu sich)* Die Arschlöcher Mitch und Murray solln sich 'n Besen in den Arsch ... was *mach* ich bloß den ganzen Mo...
	(WILLIAMSON will zurück in den Raum, aus dem er gekommen ist. Aaronow stellt sich ihm in den Weg.)
AARONOW	War die Kartei ...
ROMA	... was *mach* ich bloß den ganzen Monat ...?
AARONOW	War die Kartei versichert?
WILLIAMSON	*(lange leidend)* Ich weiß es nicht, George. Warum?
AARONOW	Weil, weißt du, wenn nicht, dann weiß ich, daß Mitch und Murray sich ziemlich ...
	(Pause)
WILLIAMSON	Was?
AARONOW	Daß sie sich ziemlich aufregen werden.

WILLIAMSON	Ja stimmt. *(Auf dem Weg in sein Büro zu* ROMA*)* Willst du heute Kunden besuchen ...? *(Pause)*
AARONOW	Er sagte, wir werden alle mit dem Kerl da reden müssen.
ROMA	Wie?
AARONOW	Er sagte, wir ...
ROMA	Mit dem Bullen?
AARONOW	Ja.
ROMA	Ja. Wie toll. *Noch* ne Zeitverschwendung.
AARONOW	Zeitverschwendung? Wieso?
ROMA	*Wieso*? Weil sie den Kerl sowieso nicht finden.
AARONOW	Die Bullen?
ROMA	Ja. Die Bullen. Nein.
AARONOW	Nicht?
ROMA	Nein.
AARONOW	Warum meinst du, wieso nicht?
ROMA	Wieso nicht? Weil sie blöd sind. „Wo waren Sie gestern abend ...?"
AARONOW	Wo warst du?
ROMA	Wo ich war?
AARONOW	Ja.
ROMA	Ich war zu Hause. Wo warst du?
AARONOW	Zu Hause.
ROMA	*Siehste* ...? Bist du der Bursche, der eingebrochen ist?
AARONOW	Ob ich?
ROMA	Ja.
AARONOW	Nein.
ROMA	Dann mach dich nicht naß, George, weißt du, warum nicht?
AARONOW	Nein.
ROMA	Du hast nichts zu verbergen.
AARONOW	*(Pause)* Wenn ich mit der Polizei rede, werde ich nervös.
ROMA	Klar. Weißt du, wer nicht?
AARONOW	Nein, wer?

ROMA	Diebe.
AARONOW	Wieso?
ROMA	Die sind daran gewöhnt.
AARONOW	Meinst du?
ROMA	Ja.
	(Pause)
AARONOW	Aber was soll ich ihnen *sagen*?
ROMA	Die Wahrheit, George. Immer die Wahrheit sagen. An die kann man sich am besten erinnern. *(WILLIAMSON kommt mit Adressen aus seinem Büro. Roma nimmt eine Karte, liest sie.)* *Patel*? Ravidam *Patel*? Wie soll ich denn leben können von diesen Karteileichen von *Ganges-Pennern*? Wo hast du die her, aus dem Tibetanischen Totenbuch?
WILLIAMSON	Wenn du sie nicht willst, gib sie wieder her.
ROMA	Ich „will" sie nicht, wenn ich mich verständlich genug ausdrücke.
WILLIAMSON	Ich gebe dir *drei* Adressen. Du ...
ROMA	Was hat denn das für einen Scheiß Sinn *über*haupt ...? Was hat das für einen *Sinn*? Ich muß mich mit *dir* hier rumärgern, ich muß mit dem Kopf gegen *Bullen* anrennen, ich schleif mir die *Eier*, verkaufe deinen *Dreck* an versiffte *Penner* mit Geld in der *Matratze*, ich komm zurück, und du schaffst es nicht mal, die Verträge in Sicherheit zu bringen, also muß ich wieder los und sie noch mal abschließen ... wofür zum Teufel verschwende ich hier meine Zeit, fick dich ins Knie, ich hau wieder ab und hol die Abschlüsse von letzter Woche nochmal ...
WILLIAMSON	Brauchst du nicht, vielleicht finden sie ihn.
ROMA	Du meinst, die finden den Kerl?
WILLIAMSON	Ja.
ROMA	Das sagt dir deine „Quelle"?
WILLIAMSON	Die Parole von Murray lautet: Laß sie in Ruhe. Wenn wir

	neue Unterschriften brauchen, wird er persönlich die Kunden besuchen, als Direktor der Firma, der gerade von einer Geschäftsreise zurückgekommen ist ...
ROMA	Okay, okay, okay, her mit der Scheiße. Schön. *(Er nimmt die Adressen.)*
WILLIAMSON	Ich gebe dir drei ...
ROMA	Drei? Ich zähle zwei ...
WILLIAMSON	Drei.
ROMA	Patel? Kack *ab*. Scheiß *Schiwa* schenkt ihm ne Million und sagt ihm: „Unterschreib den Vertrag." Der unterschreibt nicht. Selbst, wenn Vischnu mitmischt. Bei dem Handel. *Scheiß* drauf, John. Du verstehst dich auf dein Geschäft, ich mich auf meins. Dein Job ist es, ein *Arschloch* zu sein, und kriege ich raus, wessen Scheiß *Putzer* du bist, gehe ich zu ihm hin und überleg mir, wie man dich auf ne feine Art in den *Arsch* ... fick dich ins Knie – ich warte lieber auf die neuen Adressen.
	(SHELLY LEVENE tritt auf.)
LEVENE	*Kreide* her. *Kreide* her ... *Kreide* her! Geschafft! Ich hab den Wichser zum *Abschluß* gebracht. Her mit der Kreide und setz mich auf die *Tabelle*. Ich fahre nach Hawaii! Setz mich auf die Cadillac-Tabelle, Williamson! Nimm schon die Scheiß Kreide. Acht Einheiten Bergblick Hanglage ...
ROMA	Du hast acht Einheiten Bergblick verkauft?
LEVENE	Kannste Gift drauf nehmen. Wer kommt mit essen? Wer kommt mit essen? Auf meine Rechnung. *(Er knallt einen Kaufvertrag auf WILLIAMSONS Schreibtisch.)* Zweiundachtzigtausend. Und zwölftausend Provision. John. *(Pause)* Und das mit versifften Penneradressen von Illustrierten-Abonnenten.
WILLIAMSON	Wer?
LEVENE	*(zeigt auf den Vertrag) Lies* doch. Bruce und Harriett Nyborg. *(Sieht sich um)* Was ist denn hier passiert?

AARONOW	Mist. Die hatte ich für Glenriver Hanglage.
	(LEVENE blickt sich um.)
LEVENE	Was ist passiert?
WILLIAMSON	Einbrecher.
ROMA	Acht Einheiten?
LEVENE	Genau.
ROMA	*Shelly ...!*
LEVENE	He, Scheiß was soll sein. Hab ne Pechsträhne abgestellt ...
AARONOW	Shelly, die Maschine, Levene.
LEVENE	Du ...
AARONOW	Klasse.
LEVENE	Danke, George.
	(BAYLEN steckt den Kopf durch die Tür, ruft „Aaronow" zu sich herein. AARONOW geht zu ihm nach nebenan.)
	Ran ans Telefon, ruf Mitch an ...
ROMA	Die Telefone sind geklaut ...
LEVENE	Die ...
BAYLEN	*Aaronow ...*
ROMA	Die Schreibmaschinen sind geklaut, die Kartei ist geklaut, das *Bargeld* ist geklaut, die *Verträge* sind geklaut ...
LEVENE	Wi... wa... was?
AARONOW	Wir hatten einen Einbruch. *(AARONOW verschwindet. Pause)*
LEVENE	Wann?
ROMA	Gestern abend, heute früh ...
	(Pause)
LEVENE	Und die Kartei haben sie geklaut?
ROMA	Hmhm.
	(MOSS kommt vom Verhör zurück.)
MOSS	Scheiß Arschloch.
ROMA	Was ist denn, hast du eins mit dem Gummiknüppel gekriegt?
MOSS	Der Bulle weiß ja nicht mal, wo ihm der Schwanz steht, zwei linke Hände, Arsch mit Ohren. Jeder, der mit dem Typ

	redet, ist ein *Arschloch* ...
ROMA	Willste dich beim Gericht beschweren?
MOSS	Fick dich ins Knie, Ricky. Ich geh heut nicht mehr los. Ich geh nach Hause. Ich gehe nach Hause, weil hier sowieso nichts geschafft wird ... Jeder, der mit diesem Typ *redet*, ist ein ...
ROMA	Rat mal, was die Maschine geschafft hat?
MOSS	Scheiß auf die Maschine.
ROMA	Bergblick. Acht Einheiten.
MOSS	Scheiß Bulle hat kein Recht, so mit mir zu reden. Ich hab den Laden nicht ausgeräumt ...
ROMA	Hast du mich gehört?
MOSS	Klar. Hat'n Abschluß gemacht.
ROMA	Acht Einheiten. Bergblick.
MOSS	*(zu LEVENE)* Das hast du gebracht?
LEVENE	Klar.
	(Pause)
MOSS	Fick dich ins Knie.
ROMA	Rat mal wer die?
MOSS	Wann ...
LEVENE	Grade eben.
ROMA	Rat mal wer?
MOSS	Du hast grade eben ...
ROMA	Harriett und Dingsbums Nyborg.
MOSS	Hast du geschafft?
LEVENE	Zweiundachtzigtausend Dollar.
	(Pause)
MOSS	Dieses Scheiß *Pennergesocks* ...
LEVENE	Leck mich. Ich habs ihnen gegeben. *(Zu ROMA)* Hör dir das an: Ich sag ...
MOSS	He, ich bin nicht geil auf deine Scheiß Frontberichte ...
ROMA	Fick dich, Dave ...

LEVENE	„Sie müssen an sich *selbst* glauben ... Sie, ..." also, „Nicht wahr ... "?
MOSS	*(zu WILLIAMSON)* Gib mir Adressen. Ich gehe wieder los ... ich muß hier raus ...
LEVENE	„... Sie müssen an sich *selbst* glauben ..."
MOSS	Nee, Scheiß auf die Adressen, ich gehe nach Hause.
LEVENE	„Bruce, Harriett ... zum *Teufel*, glauben Sie an sich *selbst* ..."
ROMA	... wir haben keine einzige Adresse ...
MOSS	Wieso nicht?
ROMA	Geklaut.
MOSS	He, die warn doch sowieso der letzte Dreck ... dieser ganze verdammte ...
LEVENE	„... Sie blicken sich um und Sie sagen: ›Der da hat das und das, und ich habe gar nichts‹ ..."
MOSS	*Scheiße.*
LEVENE	„*Warum* nicht? Warum habe ich nicht die Gelegenheiten ...?"
MOSS	Sind die Verträge auch weg?
ROMA	Ist dir doch scheißegal, oder?
LEVENE	„Ich möchte Ihnen etwas sagen, Harriett ..."
MOSS	... was soll denn der *Scheiß* schon wieder heißen ...?
LEVENE	Halt doch die Klappe, ich erzähl hier ...
	(AARONOW steckt den Kopf aus der Tür.)
AARONOW	Können wir vielleicht Kaffee bekommen ...?
MOSS	Wie läufts denn bei dir?
	(Pause)
AARONOW	Prima.
MOSS	Aha.
AARONOW	Falls einer rausgeht, ich könnte einen Kaffee vertragen.
LEVENE	„Hier *bietet* sich Ihnen doch ..." *(Zu ROMA)* Hmh? Hmh?
MOSS	Was soll der Scheiß heißen?
LEVENE	„Hier *bietet* sich Ihnen doch die Gelegenheit ... Sie *bietet* sich Ihnen. Wie sie sich *mir* bietet, wie sie sich *jedem*

	Menschen bietet ..."
MOSS	Ricky? ... Daß es mir egal ist, daß die Verträge gestohlen wurden?
	(Pause)
LEVENE	Ich hab sie in der Küche. Ich esse ihren Streuselkuchen.
MOSS	Was soll das heißen?
ROMA	Das *heißt*, Dave, du hast seit einem Monat keinen guten Abschluß mehr gemacht, geht mich nichts an, aber du willst von mir ne Antwort rausquetschen. *(Pause)* Also hast du auch keinen Vertrag, der gestohlen werden kann, oder so.
MOSS	Du hast einen fiesen Zug an dir, Ricky, weißt du das ...
LEVENE	Rick. Das muß ich dir noch erzählen. Also, wir sind in der ...
MOSS	Halt die Scheiß Klappe. *(Pause)* Ricky. Du hast einen fiesen Zug an dir ... *(Zu LEVENE)* Und was quatschst du fürn Scheiß zusammen ...? *(Zu ROMA)* Du tischst mir den Mist auf. Meine Umsätze. Wenn du in ner Talsohle wärst und ich würde *dir* das unter die Nase reiben, würdest du auch dran kauen. *(Pause)* Würdest du sehr lange dran kauen. Und das mit Recht.
ROMA	Wer sagte denn „Scheiß auf die Maschine"?
MOSS	„Scheiß auf die Maschine"? „Scheiß auf die Maschine"? Wo sind wir denn hier? Im *Anstands*unterricht ...? Dir haben sie ins *Gehirn* gefickt, Rick – bist du total beknackt? Du hast Schwein, schon hältst du dich für den Herrscher über diesen Laden ...?! Willst du etwa ...
LEVENE	Dave ...
MOSS	... Klappe. Bestimmen, wie wer hier mit wem umgehen soll? Ist es das? Ich komme heute in den versifften Laden, ich werde von einem Wichser von Bullen gedemütigt. Ich werde beschuldigt ... Ich kriege diese Scheiße von dir ins Gesicht geschleudert, du echter Scheißkerl, weil du gerade an der Spitze stehst ...

ROMA	Also das habe ich getan? Dave? Ich habe dich gedemütigt? Mein *Gott*,... tut mir das *leid* ...
MOSS	Die Welt zu Füßen, dir liegt die Welt zu Füßen, und alles läuft wie Scheiß ge*schmiert* ...
ROMA	Ach, und ich hab nicht mal nen Augenblick übrig für einen angeknacksten *Menschenfreund*, der in letzter Zeit vom Pech verfolgt wird. *Leck mich, Dave, du weißt, du hast ein großes Maul,* und wenn du einen Abschluß gemacht hast, stinkt der ganze *Laden* wochenlang nach deinen Fürzen, soviel Wind machst du. „Wieviel du grade geschluckt hast", was für ein großer Kerl du bist: „He, ich lad euch ein zu ner Packung Kaugummi. Ich zeig euch, wie man richtig *kaut*." Dein *Kumpel* macht einen Abschluß, und du kannst nur *Galle* spucken, wie abgefackt du doch bist ...
MOSS	Wer's mein Kumpel ...? Und was bist du, Ricky, hmh, einer von der Caritas? Wer bist du denn eigentlich, du Sack, Aalglatt Mr. Slick ...? Was bist du für einer, Freund der *Werktätigen*? Ist doch gelacht. Leck mich, du hast das Gedächtnis einer *Schmeißfliege. Ich konnte dich noch nie leiden.*
ROMA	Was ist das, deine Abschiedsrede?
MOSS	Ich geh nach Hause.
ROMA	Dein Abschied von der Truppe?
MOSS	Nein, nicht nach Hause. Ich fahre nach Wisconsin.
ROMA	Dann gute Reise.
MOSS	Leck mich doch. Ihr könnt mich *alle* mal. Ihr könnt mich alle mal am *Arsch* lecken.
	(MOSS geht ab. Pause)
ROMA	*(zu LEVENE)* Wo warst du stehengeblieben? *(Pause)* Komm schon, nun komm schon, du hast sie in der Küche, du hast die Unterlagen ausgebreitet, du hast dein Jackett übern Stuhl gehängt, du hast es im *Urin*. Hmh? Schieß los, du ißt ihren *Streusel*kuchen.

LEVENE	Ich esse ihren Streuselkuchen.
ROMA	... wie war der ...?
LEVENE	Im Laden gekauft.
ROMA	... die *Sau* ...
LEVENE	„Was wir tun müssen, ist: Wir müssen uns *eingestehen*, daß wir die Gelegenheit erblicken ... und sie er*greifen*. *(Pause)* Und darauf kommt es an." Und wir *sitzen* da ... *(Pause)* Ich hole den Füllhalter raus ...
ROMA	Immer den Abschluß machen ...
LEVENE	Das *sage* ich doch. Die *alte* Schule, die *alte* Schule ... du mußt den Saukerl bekehren ... ver*kaufen* ... ver*kaufen* ... *ihn rumkriegen, den Scheck zu unterschreiben. (Pause)* Die ... Bruce, Harriett ... die Küche, Mensch: Die haben ihr Geld in *Staats*anleihen ... ich sage *Scheiß* drauf, wir ziehen die ganze Sache durch. Ich lege den Plan vor, acht Einheiten. Zweiundachtzigtausend. Ich sage ihnen: „Jetzt ist es soweit. Jetzt ist der Augenblick da, von dem Sie immer geträumt haben, Sie finden die Truhe im Walde, ein Mann steht vor Ihrer Tür, der Sack, der voller Geld ist. Hier ist es, Harriett ..."
ROMA	*(nachdenklich)* Harriett ...
LEVENE	*Bruce* ... „Ich will Ihnen keinen Scheiß vormachen. Ich will nicht drum *rum*reden und wie die Katze um den heißen Brei *rum*schleichen, Sie müssen es sich überlegen. Das mach ich auch. Ich bin hierhergekommen, um für Sie wie für mich etwas Nützliches zu erreichen. Für uns *beide*. Warum eine vorläufige Regelung treffen? *Die einzige Vereinbarung, die ich akzeptieren kann*, ist eine Gesamt-Anlage. Basta. Für sämtliche acht Einheiten. Ich weiß, daß Sie denken: „Nummer Sicher." Ich weiß, was Sie jetzt denken. Ich weiß, wenn ich Sie jetzt alleine lasse, würden Sie sagen: „Kommen Sie morgen wieder", und kaum wäre ich aus der Tür, würden Sie sich eine Tasse *Kaffee* machen ...

sich *hin*setzen ... und Sie würden sich sagen: „Lieber auf Nummer Sicher gehen ..." Und, um mich nicht zu enttäuschen, würden sie *eine* Einheit nehmen, vielleicht zwei, denn Sie hätten es mit der Angst zu tun bekommen, denn Sie hatten die *Gelegen*heit erblickt. Aber das reicht nicht aus, und das ist nicht das Thema ..." Hör dir das an, ich habe tatsächlich gesagt: „Das ist nicht das Thema dieses unseres gemeinsamen Abends." Jetzt reichte ich ihnen den Füllhalter. Ich hatte ihn in der Hand. Ich legte den Vertrag vor, acht Einheiten zweiundachtzigtausend. „Jetzt möchte ich Sie bitten zu unterschreiben." *(Pause)* Ich saß da. Fünf Minuten. Dann, Ricky, saß ich da, *zweiundzwanzig Minuten* nach der Küchenuhr. *(Pause)* Zweiundzwanzig Minuten nach der Küchenuhr. Nicht ein *Wort*, nicht eine *Bewegung*. Was ich denke? „Mein Arm schläft mir ein"? Nein. Ich habs geschafft. Ich habs geschafft. Wie in den alten Tagen, Ricky. Wie ichs gelernt habe ... Wie, wie, wie ichs *früher* gemacht habe ... Ich habs geschafft.

ROMA Wie du es mir beigebracht hast.

LEVENE Red keinen Scheiß, du bist ... Nein. Das ist reine ... Naja, wenn ich es ge*macht* habe, dann *freuts* mich, daß ich es war. Ich, also. Ich kreiste sie ein. Dicht an sie ran, weit weg von mir. Meine Gedanken sind ganz auf sie gerichtet. Und im Kopf hab ich den letzten Gedanken, den ich ausgesprochen habe: „Jetzt ist der Augenblick da." *(Pause)* Sie haben unterschrieben, Ricky. Es war *großartig*. Es war Scheiß großartig. Es war, als ob sie ganz auf einmal mürbe geworden wären. Keine *Geste* ... gar nichts. Wie auf einmal gemeinsam. Sie sind beide, das schwör ich bei Gott, irgendwie *unmerklich zusammengeklappt*. Und er streckt die Hand aus, nimmt den Füllhalter und unterschreibt, er reicht ihn weiter an sie, sie unterschreibt. Es war so Scheiß

feierlich. Ich ließ es einfach ablaufen. Ich nicke, etwa so. Ich nicke noch einmal. Ich ergreife seine Hände. Ich schüttle ihm die Hände. Ich ergreife *ihre* Hände. Ich nicke ihr zu etwa so: „Bruce ... Harriett ..." Ich strahle sie an. Ich nicke ihnen so zu. Ich drehe mich um zum Wohnzimmer, Richtung Sideboard. *(Pause) Ich hatte keinen Scheiß Schimmer, daß da tatsächlich ein Sideboard stand*!! Er geht zurück, er bringt uns etwas zu trinken. Kleine Schnapsgläser. Irgendwie graviert. Und wir stoßen an. Schweigend.
(Pause)

ROMA Das war ein großartiger Verkauf, Shelly.
(Pause)
LEVENE ... Ach Scheiß. Adressen! Adressen! Williamson!
(WILLIAMSON steckt den Kopf aus dem Büro.)
Schick mich *los*! Schick mich *los*!
WILLIAMSON Die Adressen kommen gleich.
LEVENE Her damit!
WILLIAMSON Ich habe vor einer Stunde mit Murray und Mitch gesprochen. Sie sind auf dem Weg hierher, sie sind natürlich ein bißchen *beunruhigt* über die Ereignisse von heute ...
LEVENE Hast du ihnen von meinem Verkauf erzählt?
WILLIAMSON Wie konnte ich ihnen von deinem Verkauf erzählen? Hah? Ich habe kein Tele... Ich werde es ihnen sagen, wenn sie die Kartei bringen. In Ordnung? Shelly. In Ordnung? Wir hatten eine kleine ... Du hast einen Abschluß gemacht. Du hast einen guten Verkauf gemacht. Schön.
LEVENE Das ist besser als ein guter Verkauf. Das ist ein ...
WILLIAMSON Komm: ich habe ne Menge Dinge um die Ohren, sie sind auf dem Weg hierher, ja, sie sind sehr beunruhigt, ich versuche, irgendwie *Klar*heit ...
LEVENE Was ich dir bloß *sage*: Du kannst ihnen wenigstens was sagen von einem bemerkenswerten Verkauf.

WILLIAMSON	Das einzige, was daran bemerkenswert ist, ist die Tatsache, wem du was verkauft hast.
LEVENE	Was soll denn die Scheiße heißen?
WILLIAMSON	Daß es ein Wunder sein wird, wenn der Vertrag steht.
LEVENE	Warum sollte der Vertrag nicht stehen? He, *leck* mich. Das ist meine Meinung. Du hast ja keine Ahnung von deinem Job. Ein Mann ist sein Job, und du hast in deinem *verschissen*. Hörst du, was ich dir sage? Du und dein „Stand am Monatsende" ... Du kannst doch kein Büro leiten. Ist mir egal. Du weißt nicht, was das *heißt*, dazu fehlt dir der *Verstand*, dazu fehlt dir der *Saft* in den *Eiern*. Bist du schon mal zu einem Termin gegangen? Jemals? Ist dieser Schlappschwanz schon jemals bei ... bist du schon jemals bei einem Kundentermin ge...
WILLIAMSON	Wenn ich du wäre, Shelly, würde ich mich mäßigen.
LEVENE	*Würdest* du? *Würdest* du ...? Oder du wirst *was*, mich feuern?
WILLIAMSON	Unmöglich ist das nicht.
LEVENE	An einem Achtzigtausend-Dollar-Tag? Und es ist noch nicht mal *zwölf*.
ROMA	Heute hast du das gemacht?
LEVENE	Ja. Hab ich. Heute morgen. *(Zu WILLIAMSON)* Was ich dir *sage*: Die Dinge können sich *ändern*. Siehst du? Und da hast du schon ver*schissen*, denn das ist etwas, wovon du nichts ver*stehst*. Du kannst nicht erkennen, wo's *lang* geht, und du siehst nicht, was auf dich *zu*kommt. Da kommt vielleicht ein anderer, John. Kommt vielleicht ein Neuer, hmh? Irgendein Neuer. Und du kannst nicht *zurück*blicken. Denn du verstehst nichts von *Geschichte*. Frag sie doch. Als wir Rio Rancho hatten, wer war da an der Spitze? Einen Monat ...? Zwei Monate ...? Acht Monate von zwölfen, drei Jahre nacheinander. Weißt du, was das heißt? Weißt du, was das heißt? Ist das *Glück*? Sind das irgendwelche, irgendwelche,

	irgendwelche entwendeten Adressen? Das ist *Können*. Das ist *Talent*, das ist, das ist ...
ROMA	... ja ...
LEVENE	... und du kannst dich nicht er*innern*. Denn du warst nicht *dabei*. Beruf ist das, eiskalter *Einsatz*. Steh vor der Tür. Ich weiß nicht einmal, wie sie *heißen*. Ich hab was zu verkaufen, was sie überhaupt nicht *wollen* ... Du redest von „soft sell" ... noch ehe wir einen Namen dafür hatten ... noch ehe wirs irgendwie nannten, ham wirs getan.
ROMA	Stimmt genau, Shel.
LEVENE	Und, und, und ich habs ge*bracht*. Und ich habe meine Tochter stu*dieren* lassen. Sie ... und ... eiskalter *Einsatz*, Freundchen. Von Tür zu Tür. Aber du hast keine Ahnung. Du hast ja keine Ahnung. Du hast noch nie was von einer *Strähne* gehört. Du hast nur was gehört von der „Einteilung der Verkaufsmannschaft" ... was bist du, du bist ein *Sekretär*, John. Leck mich. Das ist meine Botschaft an dich. Leck mich am Arsch und fick dich ins Knie. Wenns dir nicht paßt, red ich mit Jerry Graff. Basta. Leck mich. Setz mich auf die Tabelle. Und ich will heute drei lohnende Adressen, und ich will keinen Scheißdreck damit, und ich will sie dicht beieinander, denn ich werde alle meine Treffer heute landen. Mehr habe ich dir nicht zu sagen.
ROMA	Er hat recht, Williamson.
	(WILLIAMSON *geht in ein Nebenbüro. Pause*)
LEVENE	Es ist nicht richtig. Tut mir leid, und ich sage dir auch, wer schuld ist, Mitch und Murray.
	(ROMA *sieht etwas draußen vor dem Fenster.*)
ROMA	*(leise für sich)* O Gott.
LEVENE	Zum Teufel mit ihm. Wir gehen zum Lunch, die Adressen werden doch nicht vor ...
ROMA	Du bist ein Klient. Ich habe dir grade fünf Meerblick Glen

	Ross verkauft. Wenn ich mir den Kopf reibe, gib mir das Stichwort „Kenilworth".
LEVENE	... wie was ist?
ROMA	Kenilw...
	(JAMES LINGK betritt das Büro. Zu LEVENE) Ich habe dort Grundbesitz, meine Mutter hat dort Grundbesitz, ich habe es ihr selbst vermittelt. Ich werde es Ihnen auf dem Plan zeigen. Sehen Sie sich das an, wenn Sie zu Hause sind, A-3 bis A-14 und 26 bis 30. Lassen Sie sich Zeit, und wenn Sie dann noch meinen ...
LEVENE	Nein, Mr. Roma. Die Zeit brauche ich nicht, ich habe eine Menge *angelegt* in letz...
LINGK	Ich muß mit Ihnen reden.
ROMA	*(blickt auf)* Jim! Was treibt Sie hierher? Jim Lingk, D. Ray Morton ...
LEVENE	Freut mich sehr.
ROMA	Ich habe Jim gerade Black Creek vermittelt ... kennen Sie das zufällig ...
LEVENE	Nein ... Black *Creek*. Ja. In *Florida*?
ROMA	Ja.
LEVENE	Ich wollte mit Ihnen noch über ...
ROMA	Aber das können wir doch an diesem Wochenende erledigen.
LEVENE	Meine *Frau* bat mich, Erkundigungen über ...
ROMA	*Wunderbar*. Wunderbar wogender Landstrich. Ich habe Jim und Jinny erzählt, daß ... Ray, ich muß Ihnen etwas erzählen. *(Zu LEVENE)* Ray, Sie essen doch oft in Restaurants. Ich weiß, daß Sie viele kennen ... *(Zu LINGK)* Mr. Morton ist bei American Express ... er ... *(Zu LEVENE)* Ich darf Jim doch erzählen, was Sie ...
LEVENE	Sicher.
ROMA	Ray ist Direktor der Europa-Abteilung „Verkauf und Service" der American Ex... *(Zu LEVENE)* Aber ich muß Ihnen sagen,

	Sie haben noch kein *Menü* erlebt, bevor Sie nicht gekostet haben, wie ... Gestern war ich bei den Lingks ... übrigens, was war noch diese Service-Kolumne, von der Sie sprachen ...
LEVENE	Welche ...
ROMA	„Vom heimischen Herd" ... wie haben Sie das noch genannt, Sie sagten, ein Aufhänger für ...
LEVENE	Äh ...
ROMA	Vom heimi...
LEVENE	Vom heimischen Herd ...
ROMA	Das monatliche Interview ...?
LEVENE	Ach so, das *Magazin* ...
ROMA	Ja. Ist das etwas, worüber ich ab...
LEVENE	Naja, es erscheint doch erst in der Februar-Ausgabe ... *natürlich*. Rick, Sie können ruhig ...
ROMA	Bestimmt?
LEVENE	*(nickt)* Natürlich.
ROMA	Also, Ray war zum Essen eingeladen bei einem Angestellten seiner Firma in Frankreich ... ein Franzose, nicht wahr?
LEVENE	Nein, er ist mit einer Französin ver*heiratet*.
ROMA	Ach so, ach so, seine Frau ist Französin. Ray: Wie *spät* haben Sie es ...?
LEVENE	Viertel nach zwölf.
ROMA	Oh. Mein Gott ... ich muß Sie ja zum *Flug*zeug bringen!
LEVENE	Sagte ich nicht, ich wollte erst um zwei ...
ROMA	Nein. Sie wollten um eins fliegen. Deshalb sagten Sie auch, wir könnten nicht bis Kenilworth ...
LEVENE	O mein Gott, natürlich! Ich muß um eins ... *(Steht auf)* Dann aber los, wir müs...
LINGK	Ich muß mit Ihnen reden ...
ROMA	Ich muß Ray zum O'Hare Flughafen bringen ... *(Zu LEVENE)* Kommen Sie, wir müssen uns beeilen ... *(Über die Schulter)* John! Ruf doch bitte American Express in *Pittsburgh* an und

	sag Bescheid, daß Mr. Morton mit dem Ein-Uhr-Flug kommt. *(Zu LINGK)* Bis denn dann ... Herrgott, das tut mir leid, daß Sie extra hierher ... Ich bringe Ray schnell zum Flughafen ... Warten Sie doch hier, bis ich ... nein. *(Zu LEVENE)* Ich spreche mit Ihrem Mann auf der Bank ... *(Zu LINGK)* Hätten Sie bloß vorher angerufen ... Ich weiß was, Moment: *(Zu LINGK)* Sind Sie und Jinny heute abend zu Hause? *(Er reibt sich die Stirn.)*
LINGK	Ich ...
LEVENE	*Rick.*
ROMA	Was?
LEVENE	*Kenilworth ...?*
ROMA	Wie bitte ...?
LEVENE	*Kenilworth.*
ROMA	O Gott ... O mein Gott ... *(ROMA nimmt LINGK beiseite, leise.)* Jim, Sie müssen entschuldigen ... Ray, Ihnen habe ich ja erzählt, wer er ist, *der* Seniorchef, Vizepräsident von American Express. Seine Familie besitzt zweiunddreißig Pro... Im Lauf der letzten Jahre habe ich ihm ... die genaue Summe darf ich Ihnen natürlich nicht verraten, aber *jede Menge* Land verkauft. Vor fünf Wochen habe ich Jim versprochen, zur heutigen Geburtstagsparty seiner Frau nach Kenilworth zu kommen *(Er seufzt)*. Ich muß hingehen. Sie verstehen. Sie sehen in mir schon ein Mitglied der Familie, also muß ich hin. Komisch, wissen Sie, wie man sich solch einen Mann vorstellt, Konzernmentalität, geht ganz im Geschäft auf ... dieser Mann, *nein.* Wir sollten ihn einmal gemeinsam besuchen. Mal sehn. *(Er blättert in seinem Terminkalender.)* Morgen. Nein. Morgen bin ich in L.A. ... Montag ... ich lade Sie zum Lunch ein, wohin möchten Sie?
LINGK	Meine Frau ...
	(ROMA reibt sich den Kopf.)
LEVENE	*(in der Tür stehend)* Rick ...?

ROMA	Tut mir leid, Jim. Ich kann jetzt nicht. Ich rufe Sie heute abend an ... tut mir leid. Ich komme schon, Ray. *(Er wendet sich der Tür zu.)*
LINGK	Meine Frau hat gesagt, ich muß den Vertrag stornieren.
ROMA	Das ist die übliche Reaktion, Jim. Ich werde Ihnen *sagen* warum, und ich weiß, genau deshalb haben Sie Ihre Frau auch geheiratet. Einer der Gründe ist *Umsicht*. Es ist eine Anlage von beträchtlicher Größe. Das überlegt man sich *zweimal* ... Es ist auch eine Eigenschaft der *Frauen*. Es ist bloß eine Reaktion auf die Höhe der Anlagesumme. *Montag*, wenn Sie mich wieder zum Dinner einladen würden ... *(Zu LEVENE)* Diese Frau kann *kochen* ...
LEVENE	*(gleichzeitig)* Davon bin ich überzeugt ...
ROMA	*(zu LINGK)* Wir werden uns unterhalten müssen. Ich werde Ihnen etwas *sagen*. Denn *(Leise)* da gibt es etwas, was Sie über Ihr Grundstück wissen müssen. Ich kann jetzt nicht darüber reden. Ich darf eigentlich nicht. Und im Grunde schreibt das *Gesetz* vor, daß ich ... *(Er zuckt resigniert mit den Achseln.)* Der Mann neben Ihnen, Ihr Nachbar, hat seine Parzelle für *zwei*undvierzig gekauft, er ruft mich an und sagt, er habe schon *jetzt* ein Angebot ... *(ROMA reibt sich den Kopf.)*
LEVENE	Rick ...?
ROMA	Ich komm schon, Ray ... was für ein Tag! Ich rufe Sie heut abend an, Jim. Tut mir leid, daß Sie sich den Weg gemacht haben ... Montag zum Lunch.
LINGK	Meine Frau ...
LEVENE	Rick, wir müssen wirklich gehen.
LINGK	Meine Frau ...
ROMA	Montag.
LINGK	Sie hat den Verbrauchersch... den Staatsanwalt, ich weiß nicht wen, angerufen. Den Staatsanwalt beim Ge... der sagt, wir haben drei Tage ...

ROMA	Wen hat sie angerufen?
LINGK	Ich weiß nicht, den Staatsan... den Verbraucherschutz oder so ...
ROMA	Warum hat sie *das* getan, Jim?
LINGK	Ich weiß nicht. *(Pause)* Es heißt, wir haben drei Tage. *(Pause)* Es heißt, wir haben drei Tage Zeit.
ROMA	Drei Tage.
LINGK	Um ... Sie wissen schon. *(Pause)*
ROMA	Nein. Ich weiß es nicht. Sagen Sie es mir.
LINGK	Um es uns anders zu überlegen.
ROMA	*Natürlich* haben Sie drei Tage Zeit. *(Pause)*
LINGK	Also ist es *Montag* zu spät dafür. *(Pause)*
ROMA	Jim, Jim, Sie haben meinen Terminkalender gesehen ... ich *kann nicht*, Sie haben meinen Terminkalender ge*sehen* ...
LINGK	Aber wir müssen *vor* Montag. Um unser Geld zurückzu...
ROMA	*Drei Arbeits*tage. Gemeint sind drei *Arbeits*tage.
LINGK	Mittwoch, Donnerstag, Freitag.
ROMA	Versteh ich nicht.
LINGK	Das sind die drei. Die drei Arbeitstage ... wenn ich bis Montag warte, ist meine Frist abgelaufen.
ROMA	Samstag wird nicht mitgezählt.
LINGK	Tu ich ja auch nicht.
ROMA	Nein, ich meine, den Samstag dürfen Sie nicht mitzählen ... bei Ihren drei Tagen. Das ist kein Arbeitstag.
LINGK	Aber ich *zähle* ihn doch gar nicht mit. *(Pause)* Mittwoch, Donnerstag, Freitag. Dann wäre sie verstrichen.
ROMA	Was wäre verstrichen?
LINGK	Wenn wir bis Montag war...
ROMA	Wann haben Sie den Scheck ausgeschrieben?
LINGK	Ges...

ROMA	Was war gestern?
LINGK	Dienstag.
ROMA	Und wann wurde der Scheck eingelöst?
LINGK	Das weiß ich nicht.
ROMA	Und wann hätte er *frühestens* eingelöst werden können? *(Pause)*
LINGK	Das weiß ich nicht.
ROMA	*Heute. (Pause) Heute*, und heute ist er sowieso noch nicht eingelöst worden, weil es in der Abmachung noch ein paar Punkte gibt, die ich mit Ihnen sowieso noch erörtern wollte.
LINGK	Der Scheck ist noch nicht eingelöst?
ROMA	Ich habe gerade mit der Zentrale gesprochen, er liegt dort auf dem Schreibtisch.
LEVENE	Rick ...
ROMA	Augenblick, ich bin gleich soweit. *(Zu LINGK)* Übrigens, der ... der *eine* Punkt, den ich bereits erwähnt habe und über den *(Er blickt sich um.)* ich hier nicht mit Ihnen sprechen kann.
	(BAYLEN steckt den Kopf aus dem Flur.)
BAYLEN	Levene!!!
LINGK	Ich, ich ...
ROMA	Hören Sie, das *Verbraucherstatut*, das dient Ihrem Schutz. Ich habe überhaupt nichts dagegen, denn ich war ja in der Tat Mitglied der Kommission, die es *aus*gearbeitet hat, also ganz im *Gegen*teil. Und es besagt, daß Sie es sich innerhalb von drei Arbeitstagen noch einmal überlegen können, gerechnet vom Zeitpunkt des Vertragsabschlusses.
BAYLEN	Levene!
ROMA	Und das, Moment, ist erst der Tag, an dem der Scheck eingelöst wird.
BAYLEN	Levene!!
	(AARONOW kommt aus dem Büro des Polizeibeamten.)
AARONOW	Ich bin fertig mit diesem Scheiß Meschuggenen. Kein Mensch

	darf doch so mit einem Mann reden. Wie kommen Sie dazu, in diesem Ton mit mir zu re...?
BAYLEN	Levene!
	(WILLIAMSON steckt den Kopf aus seinem Büro.)
AARONOW	... wie können Sie in diesem *Ton* mit mir ... mit mir red...?
LEVENE	*(zu ROMA)* Rick, ich hole ein Taxi.
AARONOW	Ich habe den Einbruch nicht ...
	(WILLIAMSON sieht LEVENE.)
WILLIAMSON	Shelly: Mach, daß du in das Büro kommst.
AARONOW	*Ich* nicht ... warum wollte *ich* ... „Wo waren Sie gestern ...!" Hört mir überhaupt jemand zu ...? Wo ist Moss ...? Wo...?
BAYLEN	Levene? *(Zu WILLIAMSON, während er auf LINGK zugeht.)* Ist das hier Lev...
LEVENE	*(bringt BAYLEN ins Büro)* Ach, vielleicht kann ich Ihnen das erklären ... *(Zu ROMA und LINGK, während er abgeht.)* Würden Sie uns bitte *entschuldigen* ...?
AARONOW	*(gleichzeitig mit LEVENES obigen Worten)* ... ich komme hierher ... ich *arbeite* hier, ich komme nicht her, um mich so grob *behandeln* zu lassen ...
WILLIAMSON	Willst du nicht zum *Lunch* gehen ...
AARONOW	Ich will heute *arbeiten*, deshalb bin ich hier ...
WILLIAMSON	Wenn die Adressen da sind, werde ich dich ...
AARONOW	... deshalb bin ich hergekommen. Ich dachte, ich ...
WILLIAMSON	Geh doch zum Lunch.
AARONOW	Ich will aber nicht zum Lunch.
WILLIAMSON	Geh zum Lunch, George.
AARONOW	Was bildet der sich eigentlich ein, in diesem Ton mit einem arbeitenden Menschen zu reden? Das ist nicht ...
WILLIAMSON	*(nagelt ihn fest)* Mach das draußen ab, hier sind Leute, die ihre *Geschäfte* abwickeln wollen ...
AARONOW	Genau das, genau das, das wollte ich auch. *(Pause)* Deshalb bin ich herge... und ich erlebe hier *Gestapo*-Metho...

WILLIAMSON	*(geht zurück in sein Büro)* Entschuldigen Sie mich ...
AARONOW	Ich erlebe hier *Gestapo*-Methoden ... ich erlebe hier *Gestapo*-Methoden ... das ist doch nicht richtig ... Kein Mensch hat das Recht zu ... „Gehn Sie zum Anwalt", das heißt, man ist schuldig ... man wird verdächtigt ... „Seien Sie ko...", sagt er, „kooperativ", oder Sie müssen mit aufs Revier. *Das* ist mir noch nicht ... solange ich ...
WILLIAMSON	*(kommt aus seinem Büro gestürzt)* Haust du jetzt endlich ab? Haust du jetzt endlich hier *ab*? Oder? Ich versuche hier, ein *Büro* zu leiten. Gehst du jetzt endlich zum Lunch? Geh zum Lunch. Gehst du jetzt endlich zum Lunch? *(Er geht in sein Büro zurück.)*
ROMA	*(zu AARONOW)* Würdest du uns ...
AARONOW	Wo ist Moss ...? Ich ...
ROMA	Würdest du uns bitte entschuldigen?
AARONOW	Hm hm, ist er ins Restaurant gegangen? *(Pause)* Ich ... ich ... *(Er geht ab.)*
ROMA	Es tut mir *sehr* leid, Jimmy. Ich bitte Sie um Verzeihung.
LINGK	Ich ja nicht, meine Frau will das.
ROMA	*(Pause)* Was denn?
LINGK	Ich sagte doch.
ROMA	Sagen Sie es mir noch einmal.
LINGK	Was geht hier eigentlich vor?
ROMA	Sagen Sie es mir noch einmal. Ihre Frau.
LINGK	Ich sagte Ihnen doch.
ROMA	Nun sagen Sie es mir noch einmal.
LINGK	Sie will ihr Geld zurück.
ROMA	Wir werden mit ihr reden.
LINGK	Nein. Sie hat mir gesagt: „Sofort."
ROMA	Wir sprechen mit ihr, Jim ...
LINGK	Sie hört nicht drauf.
	(BAYLEN steckt den Kopf aus der Tür.)

BAYLEN	*Roma.*
LINGK	Sie hat mir gesagt, wenn nicht, dann muß ich den Staatsanwalt einschalten.
ROMA	Nein, nein, das hat sie bloß „gesagt". Das brauchen wir nicht zu tun.
LINGK	Sie hat mir gesagt, ich *muß*.
ROMA	Nein, Jim.
LINGK	Doch, das *muß* ich. Wenn ich mein *Geld* nicht zurückbekomme ...
	(WILLIAMSON *zeigt* BAYLEN, *wer* ROMA *ist*.)
BAYLEN	Roma! *(Zu* ROMA*)* Ich rede mit Ihnen ...
ROMA	Ich ... Hören Sie. *(Allgemein)* Kann mir jemand den Kerl vom Halse schaffen.
BAYLEN	Sie haben ein Problem?
ROMA	Ja, ich habe ein Problem. Ja, das *habe* ich, mein Fr... Schließlich habe ich nicht den Laden aufgerollt, ich habe *geschäftlich* zu tun. Ich komme schon zu Ihnen, *später*. Verstanden ...? *(Er blickt sich um,* LINGK *geht auf die Tür zu.)* Wo wollen Sie hin?
LINGK	Ich ...
ROMA	Wo wollen Sie hin ...? *Ich* bins doch ... ich bin Ricky, Jim. Jim, alles, was Sie *wollen*: Was Sie *wollen*, sollen Sie *haben*. Verstehen Sie? Ich bins doch. Etwas *bedrückt* Sie. Setzen Sie sich doch, nun setzen Sie sich schon. Und erzählen mir, was es ist. *(Pause)* Ob ich Ihnen helfen werde, es in Ordnung zu bringen? Na und ob, verdammt, ist doch klar. Setzen Sie sich. Soll ich Ihnen etwas sagen ...? *Manchmal* brauchen wir einen Menschen, einen *Außen*stehenden. Das ist ... nein, setzen Sie sich ... Und nun *reden* Sie mit mir.
LINGK	Ich kann nicht verhandeln.
ROMA	Was soll das heißen?
LINGK	Daß ...
ROMA	... was, was, *sagen* Sie es. Sagen Sie es mir ...

LINGK	Ich ...
ROMA	Was?
LINGK	Ich ...
ROMA	Was ...? Sprechen Sie es aus.
LINGK	Ich habe keine *Vollmacht*. *(Pause)* Ich habs ausgesprochen.
ROMA	Vollmacht wozu?
LINGK	Die Vollmacht zu verhandeln.
ROMA	Verhandeln worüber? *(Pause)* Verhandeln worüber?
LINGK	*Dies.*
ROMA	Was: „dies"?

(Pause)

LINGK	Den Vertrag.
ROMA	Den „Vertrag", *vergessen* Sie den Vertrag. *Vergessen* Sie den Vertrag, Sie haben etwas auf dem Herzen, Jim, was ist es?
LINGK	*(aufstehend)* Ich kann nicht mit Ihnen reden, Sie haben meine Frau kennengelernt, ich ...

(Pause)

ROMA	Was? *(Pause)* Was? *(Pause)* Was, Jim: Ich werde Ihnen was sagen, gehn wir doch irgendwohin ... gehn wir doch wo was trinken.
LINGK	Sie hat mir gesagt, ich soll nicht mit Ihnen reden.
ROMA	Wir ... das wird doch niemand erfahren, wir gehen nur kurz um die *Ecke* und trinken dort etwas.
LINGK	Sie hat mir gesagt, ich muß den Scheck zurückbekommen oder den Staatsanwalt benach...
ROMA	*Vergessen* Sie den Vertrag, Jimmy. *(Pause) Vergessen* Sie den Vertrag ... Sie kennen mich. Der Vertrag ist *gestorben*. Rede ich etwa von dem *Vertrag*? Das ist *passé*. Bitte. Wir wollen über Sie reden. Kommen Sie.

(Pause. ROMA steht auf und geht auf die Außentür zu.)

Kommen Sie. *(Pause)* Kommen Sie schon, Jim. *(Pause)* Ich möchte Ihnen etwas sagen. Ihr Leben, das gehört Ihnen.

Sie sind mit Ihrer Frau einen Kontrakt eingegangen. Der betrifft gewisse Dinge, die Sie beide *gemeinsam* machen, dafür haben Sie sich *gebunden* ... und es gibt *andere* Dinge. Das sind die Dinge, die nur Ihnen gehören. Sie brauchen sich nicht zu *schämen*, Sie müssen auch nicht das Gefühl haben, *untreu* zu sein ... oder daß Ihre Frau Sie verlassen würde, wenn sie davon wüßte. Das ist Ihr Leben, Jim. *(Pause)* Ja. Nun möchte ich mit Ihnen *reden*, denn Sie sind offensichtlich *bedrückt*, und das geht mir nahe. Nun gehen wir aber. Sofort.
(Lingk steht auf und sie gehen beide zur Tür.)

BAYLEN	*(steckt den Kopf aus der Tür)* Roma ...
LINGK	... und ... und...
	(Pause)
ROMA	Was?
LINGK	Und der Scheck ist ...
ROMA	Was habe ich ge*sagt*? *(Pause)* Was habe ich Ihnen über die drei Tage gesagt ...?
BAYLEN	Roma, würden Sie bitte, ich möchte auch gern mal zum Mittagessen ...
ROMA	Ich rede gerade mit Mr. Lingk. Wenn Sie nichts dagegen haben, bin ich gleich *(Sieht auf seine Armbanduhr)* werde ich in kurzer Zeit zurück sein ... ich sagte Ihnen doch, machen Sie das mit Mr. Williamson ...
BAYLEN	In der Zentrale sagte man mir ...
ROMA	Dann rufen Sie dort nochmal an. Mr. Williamson ...!
WILLIAMSON	Ja.
ROMA	Mr. Lingk und ich, wir gehen ...
WILLIAMSON	Ja. Bitte. Bitte. *(Zu LINGK)* Die Polizei *(Achselzucken)* kann ja auch ...
LINGK	Was macht die Polizei hier?
ROMA	Eigentlich nichts weiter ...
LINGK	Was macht denn die *Polizei* hier ...?

WILLIAMSON	Wir hatten letzte Nacht einen kleinen Einbruch.
ROMA	Gar nichts weiter ... Ich versichere gerade Mr. Lingk ...
WILLIAMSON	Mr. Lingk. James Lingk. Ihr Kaufvertrag ist rausgegangen. Nichts zu befür...
ROMA	John ...
WILLIAMSON	Ihr Kaufvertrag ist an die Bank gegangen. *(Pause)*
LINGK	Sie haben den Scheck eingelöst?
WILLIAMSON	Wir ...
ROMA	... Mr. Williamson ...
WILLIAMSON	Ihr Scheck wurde gestern nachmittag eingelöst. Und wir sind vollkommen versichert, wie Sie wissen, auf jeden Fall. *(Pause)*
LINGK	*(zu ROMA)* Sie haben den Scheck eingelöst?
ROMA	Nicht, daß ich wüßte, nein ...
WILLIAMSON	Ich bin sicher, wir können ...
LINGK	Himmel ... *(Er läuft zur Tür.)* Kommen Sie mir nicht nach ... Himmel ... *(Pause. Zu Roma)* Ich weiß, ich habe Sie im Stich gelassen. Tut mir leid, daß ich Sie enttäuscht habe. Ver... Verzeihung ... ver... ich weiß nicht mehr. *(Pause)* Verzeihen Sie mir. *(Er geht ab. Pause)*
ROMA	*(zu WILLIAMSON)* Du blöde abgefackte Fotze. *Du*, Williamson ... ich rede mit *dir*, Scheißkerl ... Du hast mich grade um *sechstausend Dollar* gebracht. *(Pause)* Sechstausend Dollar. Und einen Cadillac. Genau. Was wirst du tun, um das auszubügeln? Was wirst du tun, um das auszubügeln, Arschloch. Du abgefackter *Scheiß*haufen. Wo hast du dein *Handwerk* gelernt. Du blöde abgefackte *Fotze. Du Idiot.* Wer hat dir bloß erzählt, du könntest mit *Männern* arbeiten?
BAYLEN	Könnte ich ...
ROMA	Ich hole mir deinen *Job*, Scheißkerl. Ich gehe in die *Zentrale* und rede mit Mitch und Murray, und ich gehe zu Lemkin. Ist

	mir doch egal, *wessen* Neffe du bist, wen du gut kennst, wessen Schwanz du schluckst, wessen Arsch du leckst. Du fliegst *raus*, das schwör ich dir, du fliegst ...
BAYLEN	He, Freundchen, können wir das mal zu Ende bringen ...
ROMA	Jeder in diesem Büro schlägt sich durchs Leben, so gut er's ver*steht* ... *(Zu BAYLEN)* Ich komme gleich, Augenblick. *(Zu WILLIAMSON)* Du bist hier angestellt, um uns zu *helfen* – ist dir das klar? Uns zu *helfen. Nicht*, um uns in die Pfanne zu hauen ... Männern zu helfen, die *los*ziehen und da *draußen* versuchen, ihren *Lebens*unterhalt zu verdienen. Du *Tunte*. Du ... Firmenschnösel ... Ich will dir noch was sagen. Ich hoffe, du hast den Laden hochgenommen, ich kann unserm Freund hier was erzählen, was ihm vielleicht hilft, dich zu schnappen. *(Er geht auf den Raum zu, in dem BAYLEN ist.)* Du mußt dir noch die erste Regel merken, dann würdest du wissen, wenn du dich jemals im Leben umgesehen hast, daß du nur das Maul aufmachen sollst, wenn du weißt, was Sache ist. *(Pause)* Du bekacktes *Kind* ... *(LEVENE, der während des letzten Wortwechsels mit LINGK herausgekommen ist, hat im Hintergrund gesessen und zugehört. Zu Levene)* Bleib hier. Ich muß mit dir reden. *(Zu WILLIAMSON)* Du bekacktes *Kind* ... *(ROMA geht in das innere Büro.)*
LEVENE	Du *bist* ein Scheißkerl, Williamson ... *(Pause)*
WILLIAMSON	Hmmm.
LEVENE	Wenn du den Kopf schon nicht zum Denken benutzen kannst kannst, halt wenigstens dein Maul. *(Pause)* Hörst du? Ich *rede* mit dir. Hörst du mich ...?
WILLIAMSON	Ja. *(Pause)* Ich höre dich.
LEVENE	Das kannst du nicht am Schreibtisch lernen. Eh? Er hat recht. Das mußt du auf der Straße lernen. Das kannst du nicht kaufen. Das mußt du *leben*.

WILLIAMSON	Hmmm.
LEVENE	Ja. Hmm. Ja. *Ganz genau. Ganz genau.* Denn dein Partner rechnet damit, daß er sich darauf *verlassen* kann. *(Pause)* Ich *rede* mit dir. Ich will dir etwas klarmachen.
WILLIAMSON	Ach ja?
LEVENE	Ja, das will ich.
WILLIAMSON	Und was willst du mir klarmachen?
LEVENE	Was Roma dir klarmachen wollte. Was ich dir gestern schon klarmachen wollte. Warum du nicht in dieses Geschäft gehörst.
WILLIAMSON	Warum ich nicht ...
LEVENE	Hör mir mal zu, eines Tages wirst du vielleicht sagen: „He ..." Nein, scheiß drauf, hör zu, was ich dir jetzt sage: Dein Partner *verläßt* sich auf dich. Dein Partner ... der Mann, der dein „Partner" ist, *verläßt* sich auf dich ... er rechnet mit mir ... du mußt mit ihm an einem Strang ziehen und *für* ihn eintreten ... sonst bist du ein Dreck, ein *Dreck* bist du, alleine kannst du nicht existieren ...
WILLIAMSON	*(will schnell an ihm vorbei)* Entschuldige mich...
LEVENE	... entschuldige, gar nichts entschuldige ich, meinetwegen kannst du so kalt sein wie du willst, aber du hast grade einen Klasse Mann um seine sechstausend Dollar beschissen und seinen verfluchten Bonus, weil du nicht wußtest, was *Sache* war, wenn du so was tun kannst und du nicht Manns genug bist, daß es dir an die Nieren geht, dann weiß ich nicht was, wenn du daraus nicht *etwas* für dich ... *(Stellt sich ihm in den Weg)* Dann bist du ein *Abschaum*, bist ein abgefackter Glumsklumpen. Meinetwegen kannst du so kalt sein, wie du willst. Ein kleines *Kind* hätte das gewußt, er hat recht. *(Pause)* Denkst du dir schon etwas aus, mußt du auch sicher sein, daß es *hilft*, sonst halt lieber den Mund. *(Pause)*

WILLIAMSON	Hmmm.
	(LEVENE hebt seinen Arm hoch.)
LEVENE	Jetzt bin ich mit dir fertig.
	(Pause)
WILLIAMSON	Woher weißt du, daß ich es mir ausgedacht habe?
LEVENE	*(Pause)* Was?
WILLIAMSON	Woher weißt du, daß ich es mir ausgedacht habe?
LEVENE	Wovon redest du überhaupt?
WILLIAMSON	Du sagst: „Du denkst dir nichts aus, ohne sicher zu sein, daß es auch hilft." *(Pause)* Woher wußtest du denn, daß ich es mir ausgedacht habe?
LEVENE	Wovon redest du überhaupt?
WILLIAMSON	Ich sagte dem Kunden, daß sein Vertrag an die Bank gegangen sei.
LEVENE	Ja und, ist er das nicht?
WILLIAMSON	Nein. *(Pause)* Ist er nicht.
LEVENE	Mach keinen *Scheiß* mit mir, John, mach keinen *Scheiß* mit mir ... was willst du damit sagen?
WILLIAMSON	Tja, damit will ich sagen, Shel: Gewöhnlich bringe ich die Verträge zur Bank. Gestern abend nicht. Woher wußtest du das? Einmal im Jahr lasse ich abends einen Vertrag auf dem Schreibtisch liegen. Das wußte keiner außer *dir*. Na, woher hast du das wohl gewußt? *(Pause)* Willst du mit mir reden, willst du mit jemand *anderem* reden ... denn dies ist *mein* Job haarscharf, und du wirst jetzt mit mir *reden*: Also woher wußtest du, daß dieser Vertrag auf meinem Schreibtisch lag?
LEVENE	Du steckst ja so voller Scheiße.
WILLIAMSON	Du bist in das Büro eingebrochen.
LEVENE	*(lacht)* Bestimmt!
WILLIAMSON	Was hast du mit den Adressen gemacht?
	(Pause. Er zeigt auf den Raum, in dem der Polizeibeamte ist.) Du willst da reingehn? Ich sage ihm, was wir wissen, er

	wird schon *irgendwas* ausgraben ... Hast du ein Alibi für letzte Nacht? Hoffentlich hast du eins. Was hast du mit den Adressen gemacht? Wenn du mir sagst, was du mit den Adressen gemacht hast, lasse ich mit mir reden.
LEVENE	Ich weiß gar nicht, wovon du sprichst.
WILLIAMSON	Wenn du mir sagst, wo die Adressen sind, werde ich dich nicht anzeigen. Wenn *nicht*, werde ich dem Bullen sagen, du hast sie gestohlen, Mitch und Murray werden dafür sorgen, daß du ins Gefängnis kommst.
LEVENE	Das würden sie nicht tun.
WILLIAMSON	Das würden sie tun, und das werden sie tun. Was hast du mit den Adressen gemacht? Ich gehe durch diese Tür da – du hast fünf Sekunden Zeit, um es mir zu sagen: Oder du landest im Gefängnis.
LEVENE	Ich ...
WILLIAMSON	Ist mir egal. Kapiert? *Wo sind die Adressen?* (Pause) Na gut. *(Er geht zur Tür, will sie öffnen.)*
LEVENE	Ich hab sie an Jerry Graff verkauft.
WILLIAMSON	Wieviel hast du dafür gekriegt? *(Pause)* Wieviel hast du dafür gekriegt?
LEVENE	Fünftausend. Die Hälfte für mich.
WILLIAMSON	Für wen die andere Hälfte? *(Pause)*
LEVENE	Muß ich dir das sagen? *(Pause. WILLIAMSON ist im Begriff die Tür zu öffnen.)* Moss.
WILLIAMSON	*Das war einfach, oder?* *(Pause)*
LEVENE	Es war seine Idee.
WILLIAMSON	*Wirk*lich?
LEVENE	Ich ... ich bin sicher, er hat bestimmt mehr als fünf bekommen, bestimmt.
WILLIAMSON	Ach ja?

LEVENE	Er sagte mir, mein Anteil sei zwei-fünf.

(Pause)

WILLIAMSON	Hmmm.
LEVENE	Okay: Ich – paß auf: Ich mach was, es wird sich für dich lohnen. Das mach ich. Ich habe das Blatt gewendet. Ich hab Abschlüsse gemacht mit dem *alten* Material. Das kann ich wieder tun. *Ich* bin derjenige, der Abschlüsse bringt. *Ich* bring sie! *Ich* bring sie! Denn ich hab das Blatt ge... kann ich *das* tun, kann ich *alles* ... Gestern abend. Ich kann dir sagen, ich war reif für den Strick. Moss kriegt mich zu fassen: „Tu das, und wir sind fein raus ..." Warum nicht? Großes Scheiß-Spiel. Ich hoffe nur, daß man mich schnappt. Um mich aus meiner Lage ... *(Pause)* Aber es ist mir eine *Lehre* gewesen. Was für ne Lehre: Daß man es da *draußen* bringen muß vor Ort. Na schön. Also bin ich nicht dazu geschaffen, ein Dieb zu sein. Ich bin doch zum Vertreter geboren. Und jetzt bin ich wieder voll da, und ich habe wieder *Mumm* in meinen Eiern ... und, weißt du, John, jetzt sitzt du am *längeren* Hebel. Was nun auch nötig sein wird, die Sache *zurecht*zurücken, wir werden sie zurechtrücken. Wir werden sie schon zurechtrücken.
WILLIAMSON	Ich möchte dir etwas sagen, Shelly. Du hast ein großes Maul.

(Pause)

LEVENE	Wie?
WILLIAMSON	Du hast ein großes Maul, und ich werde dir jetzt noch ein viel größeres zeigen. *(Er geht auf die Tür des Raumes zu, in dem der Polizeibeamte ist.)*
LEVENE	Wo willst du hin, John? ... das kannst du doch nicht machen ... das kannst du doch nicht wollen ... Halt, halt, bleib stehn ... bleib doch ... warte, warte, warte ... *(Er zieht Geld aus seinen Taschen.)* Wart doch ... paß auf ... *(Er beginnt, das Geld aufzuteilen.)* Hier, zwölfhundert ... zweitau... zwei-

	zwei – zweitausendfünfhundert, das ist ... nimm es. *(Pause)* Nimm alles ... *(Pause)* Nimm schon!
WILLIAMSON	Nein, ich glaube nicht, Shel.
LEVENE	Ich ...
WILLIAMSON	Nein, ich glaube, ich will dein Geld nicht. Ich glaube, du hast mein Büro versaut. Und ich glaube, du wirst verschwinden.
LEVENE	Ich ... was? Bist du, bist du, deshalb ...? Bist du bescheuert? Ich ... ich werde dir Abschlüsse besorgen, ich werde für dich ... *(Wirft mit Geld auf ihn)* Hier, hier, ich werde dieses Büro *hoch*bringen ... ich werde hier wieder die Nummer Eins sein ... He, he, he! Das ist erst der Anfang ... Hör ... hör–hör doch. Hör doch mal zu. Nur einen Augenblick. Hör ... das wer... das werden, wir werden das so machen. Zwanzig Prozent. Ich gebe dir zwanzig Prozent von meinen Verkäufen ... *(Pause)* Zwanzig Prozent. *(Pause)* Solange ich bei der Firma bin. *(Pause)* Fünfzig Prozent. *(Pause)* Ich mach dich zu meinem Partner. *(Pause)* Fünfzig Prozent. Von meinen sämtlichen Verkäufen.
WILLIAMSON	Von welchen Verkäufen?
LEVENE	Welchen Verkäufen ... Ich habe grade über zweiundachtzigtausend *abgeschlossen* ... Bist du nicht ganz dicht ... Ich bin wieder da ... ich bin wieder da, dies ist nur der Anfang.
WILLIAMSON	Nur der Anfang.
LEVENE	Also ...
WILLIAMSON	Wo hast du gesteckt, Shelly? Bruce und Harriett Nyborg. Willst du ihre *Unterlagen* sehn ...? Die sind nicht ganz dicht ... die rufen jede Woche an, immer schon. Als ich bei Webb war. Und wir Arizona verkauften ... die sind nicht ganz dicht ... hast du gesehen, wie die *leben*? Wie kannst du dich nur so täuschen ...
LEVENE	Ich habe den Scheck.
WILLIAMSON	Häng ihn dir übers Bett. Der ist nichts wert.
	(Pause)

LEVENE	Der Scheck is 'n Dreck?
WILLIAMSON	Bleib hier, und ich hol dir die Unterlagen aus der Kartei. *(Er geht auf die Tür zu.)* Ich hab jetzt zu tun ...
LEVENE	... ihr Scheck is'n Dreck? Die sind nicht ganz dicht ...?
WILLIAMSON	Ruf doch die Bank an. *Ich* habe das schon.
LEVENE	Du hast schon?
WILLIAMSON	Ich hab sie angerufen, als wir die Karte anlegten ... vor vier Monaten. *(Pause)* Die Leute sind verrückt. Die reden nur gerne mit Handelsvertretern. *(Er geht auf die Tür zu.)*
LEVENE	Nicht.
WILLIAMSON	Tut mir leid.
LEVENE	Warum?
WILLIAMSON	Weil ich dich nicht leiden kann.
LEVENE	John: John ... meine *Tochter* ...
WILLIAMSON	Leck mich. *(ROMA kommt aus dem Raum des Polizeibeamten; WILLIAMSON geht hinein.)*
ROMA	*(zu WILLIAMSON)* Arschloch ... *(Zu LEVENE)* Typ könnte nicht mal seine Scheiß Couch im *Wohnzimmer* finden ... O Himmel ... was für ein Tag, was für ein Tag ... und ich habe noch nicht mal ne Tasse Kaffee gehabt ... John, der Wichser, macht die Klappe auf, und schon ist mein Cadillac im Eimer ... *(Er stöhnt.)* Ich schwör dir ... das ist keine Welt von Männern ... das ist keine Welt von Männern, Maschine ... diese Welt wird bevölkert von Angestellten mit Blick auf die Uhr, von Bürokraten, Beamten ... Eine Welt ist das, eine abgefackte Welt ... Steckt kein Abenteuer mehr drin ... *(Pause)* Aussterbende Gattung. Das ist es. *(Pause)* Wir gehören einer aussterbenden Gattung an. Das ist es ... das ist ... deshalb müssen wir zusammenhalten. Shel: Ich möchte mit dir reden. Ich wollte tatsächlich schon die ganze Zeit mit dir reden ... ernsthaft. Warst du heute schon essen?

LEVENE	Ich?
ROMA	Ja.
LEVENE	Nein.
ROMA	Nein? Dann komm, haun wir uns was bei den Schlitzaugen rein, ich hab mit dir zu reden.
LEVENE	Ich glaube, ich sollte lieber noch ne Weile hierbleiben.
ROMA	Okay: zwei Dinge also. Ad eins ... ich habe darüber schon wochenlang nachgedacht, ich sagte mir: „Die Maschine ... das ist ein Kerl, mit dem ich *zusammenarbeiten* könnte." Komisch, nich? Daß ich nie was gesagt habe. Hätt ich längst sollen, weiß auch nicht, warum ichs nicht tat. Und dann das Scheiß-Spiel, das du heute meinem Typ geliefert hast, das war Klasse ... ja wirklich ... und entschuldige, es ist ja wirklich nicht meine Sache, dir so etwas zu sagen. Das war *bewundernswert* ... das war die alte Schule. Wie auch das Geschäft, das du heute gemacht hast. He, ich bin grad in ner guten Phase, na und, was ich dir sagen will, hör zu: Ich könnte noch ne Menge von dir lernen – meinst du nicht, ich *weiß*, wir würden prima zusammenarbeiten – Ich denk mir das so: Wir bilden ein Team. Wir bilden ein Team, wir gehen gemeinsam *(BAYLEN steckt den Kopf aus der Tür.)*
BAYLEN	Mr. *Levene* ...?
ROMA	– fifty-fifty. Oder wir könnten die Straße aufrollen. Weißt du, wir könnten alles aufrollen ...
BAYLEN	Würden Sie bitte hereinkommen ...?
ROMA	Schmeißen wir also zusammen? Okay? *(Pause)* Shel? Sag „okay".
LEVENE	*(Pause. Leise für sich)* Hmm.
BAYLEN	Mr. Levene, ich glaube, wir haben miteinander zu reden.
ROMA	Ich geh rüber zu den Schlitzaugen. Wenn du fertig bist, komm rüber, und wir rauchen zusammen ne Zigarette.
LEVENE	Ich ...

	(BAYLEN tritt an ihn heran und führt ihn mit Gewalt in den Raum.)
BAYLEN	... rein mit Ihnen.
ROMA	He, he, he, nun aber *sachte*, mein Freund. Das ist die „Maschine". Das ist Shelly die Maschine *Leve*...
BAYLEN	*Los* jetzt. Rein mit Ihnen in den verdammten Raum. *(Schiebt ihn weiter)*
LEVENE	Ricky, ich ...
ROMA	Okay, okay, ich warte im Restau...
LEVENE	Ricky ...
BAYLEN	„Ricky" kann dir nicht helfen, Freundchen.
LEVENE	Ich will ja bloß ...
BAYLEN	Ach ja. Was willst du bloß? Du willst bloß *was*? *(Er schiebt Levene hinein, knallt die Tür zu.)*
ROMA	Williamson, jetzt hör mal gut zu: Wenn die *Adressen* kommen ... hör zu: Wenn die Adressen kommen, will ich meine beiden Spitzentermine von der Liste. Für *mich*. Meine üblichen zwei. Alles, was du *Levene* gibst ...
WILLIAMSON	... darüber würde ich mir nicht den Kopf zerbrechen.
ROMA	Doch, das werde ich aber, und du wirst dir darüber auch den Kopf zerbrechen, also sei still und hör zu. *(Pause)* ICH KRIEGE SEINE WARE. Meine Sachen gehören mir, und von dem, was er bekommt, krieg ich die Hälfte. Du stellst mich mit ihm auf.
	(AARONOW tritt auf.)
AARONOW	Haben sie ...
ROMA	Verstanden?
AARONOW	Haben sie den Kerl ...
ROMA	Hast du verstanden? Meine Sachen gehören mir, seine Sachen gehören uns. Ich kriege die Hälfte von seinen Provisionen – sieh zu, wie du das machst.
WILLIAMSON	Hmmm.

AARONOW	Haben sie den Kerl schon gefaßt, der den Einbruch gemacht hat?
ROMA	Nein, weiß ich doch nicht ...
	(Pause)
AARONOW	Sind die Adressen schon gekommen?
ROMA	Nein.
AARONOW	*(läßt sich auf einem Schreibtischsessel nieder.)* O Gott, ich hasse diesen Job.
ROMA	*(gleichzeitig mit „Job" das Büro verlassend.)* Ich bin dann im Restaurant.

Ende

Mamet Variationen

Mit diesem Band wird dem theaterinteressierten Leser deutscher Sprache zum ersten Mal die Möglichkeit gegeben, sich ein Bild des Dramatikers David Mamet zu machen, der seit dem phänomenalen Erfolg von *Oleanna* (deutsch 1993) sich auch auf unseren Bühnen durchgesetzt hat. Die Auswahl umfaßt als deutsche Erstveröffentlichung sein jüngstes Stück *Das Kryptogramm* (1994/95), eins seiner frühesten Stücke, *Enten Variationen* (1972), zum ersten Mal in Buchform (nach einem Abdruck im Mai 1991 in *Die Deutsche Bühne*), und das Stück, das ihn auf der ganzen Welt berühmt machte, *Hanglage Meerblick* (1983), das nach der längst vergriffenen Buchausgabe von 1987 hier in einer durchgesehenen Übersetzung wieder vorgelegt wird. Diese drei Stücke aus mehr als zwei Jahrzehnten lassen die genaueren Konturen seines Werks erkennen.

Denn seltsam. Nach etwa einem Vierteljahrhundert künstlerischer Aktivitäten als Theater- und Filmautor, Theater- und Filmregisseur, Schauspieler und Schauspiellehrer, als Verfasser von Essays, Kinderbüchern, Gedichten und bislang eines Romans (*The Village*, 1994; deutsch *Das Dorf*, 1995) wird der 1947 geborene Mamet dem deutschen Publikum immer noch als eine Art Nachwuchstalent präsentiert und mit der scheinbar übermächtigen Generation eines Arthur Miller (1915) oder Edward Albee (1928) verglichen. Diese Sichtweise läßt auf eine nicht gerade kontinuierliche Auseinandersetzung mit der amerikanischen Dramatik schließen – seitens der Kritik, aber auch seitens der Theater. Anders als im Falle der amerikanischen Epik scheint es um die Rezeption amerikanischer Dramatik schlecht bestellt zu sein; Buchverlage als „Vermittler" und „Produzenten" und Kritiker räumen den Autoren, die nach, sagen wir Saul Bellow, John Cheever, Philip Roth und John Updike schreiben, längst den ihnen gebührenden Rang ein; Paul Auster, Raymond Carver, Joan Didion, Richard Ford oder Thomas Pynchon müssen nicht ständig mit den Vertretern eines Goldenen Zeitalters der amerikanischen Prosa wie F. Scott Fitzgerald oder Ernest Hemingway verglichen werden. An den „Vermittlern", den Theaterverlagen, die ja keine „Produzenten" sein können, kann es nicht liegen. Denn, um nur einige aus der zeitlichen Nachbarschaft Mamets zu nennen, die Stücke eines David Rabe (1940), Wallace Shawn (1943), Sam Shepard (1943), Richard Nelson (1950), Eric Bogosian (1953) und Howard Korder (1958) werden ja übersetzt, nur finden sie bei den „Theatermachern" wenig Widerhall. Einzweimal aufgeführt, und schon im Orkus verschwunden. Gedrucktes dagegen, nicht bloß Gespieltes, bleibt.

Mamet im deutschsprachigen Raum – beileibe keine Liebe auf den ersten Blick. Mamet in deutscher Sprache – vielleicht schon ein Widerspruch in sich. Denn wie kein anderer zeitgenössischer Theaterautor hat Mamet eine ganz eigene Sprache gefunden, die den Rhythmus der gesprochenen Alltagssprache zur Grundlage seiner Dialogkunst macht. Die Verzahnung des Dialogs an den Soll- und Kannbruchstellen der Sätze läßt sich schon an den *Enten Variationen* erkennen. Wir mögen von Glück sagen, daß wir sprechen können, uns äußern und damit verständigen können. Mamets Figuren fallen sich gegenseitig ins Wort. In *Hanglage Meerblick* setzen die Immobilienverkäufer die Sprache als Waffe im Überlebenskampf ein; wer sich auch nur einen Augenblick aus dem sprachlichen Rhythmus bringen läßt, hat schon verloren. Im *Kryptogramm* wird noch die beiläufigste Äußerung, selbst die kleinste Pause zum Stolperstein des gegenseitigen Verständnisses, der Verständigung.
Diese Sprache macht Mamet zu dem einzigartigen Autor, der er ist. Sie ist aber auch ein Grund für die Schwierigkeiten seiner Rezeption nicht nur hierzulande. Mamets französischer Übersetzer Pierre Laville nahm ein Metronom zur Hilfe, um dem Rhythmus treu zu bleiben. Ich hätte mich ohne die Erfahrung mit Texten von Gertrude Stein und Robert Wilson gar nicht an die Aufgabe getraut, Mamet zu übersetzen. Dieser Hinweis auch für jene Kritiker, die in David Mamets Stücken nichts als die Fortsetzung des amerikanischen Bühnenrealismus mit schmutzigeren Mitteln sehen.

Daten zu den Stücken:

The Cryptogram wurde am 29. Juni 1994 in London uraufgeführt, Regie Gregory Mosher. Die New Yorker Inszenierung des für die amerikanische Erstaufführung in Boston (5. Februar 1995) revidierten Stückes hatte am 13. April 1995 Premiere, Regie David Mamet.
Das Kryptogramm, Deutschsprachige Erstaufführung am 20. Mai 1995, Schauspielhaus Zürich, Regie Dieter Giesing.

The Duck Variations wurden 1972 von der St. Nicholas Theatre Company am Goddard College, Vermont, unter der Regie von David Mamet uraufgeführt. Die New Yorker Erstaufführung fand im Dezember 1975 im St. Clement's Theater unter der Regie von Albert Takazauckas statt.
Enten Variationen, Deutschsprachige Erstaufführung am 31. März 1992, Staatstheater Mainz, Regie Peter Hailer. Hörspielfassung Regie Otto Düben, mit Martin Benrath und Horst Bollmann (SDR 1992).

Glengarry Glen Ross, Uraufführung am 21.9.1983 im Cottesloe Theatre des National Theatre London, Regie Bill Bryden.
Die New Yorker Inszenierung von Gregory Mosher hatte am 25.3.1984 Premiere. Das Stück wurde mit dem Pulitzer-Preis für Dramatik 1984 ausgezeichnet und 1992 von James Foley verfilmt.
Hanglage Meerblick, Deutschsprachige Erstaufführung am 11.5.1985, Schauspielhaus Düsseldorf, Regie Peter Palitzsch. Die Stuttgarter Inszenierung von Dieter Giesing wurde 1986 zum Berliner Theatertreffen eingeladen und war David Mamets erster Triumph auf deutschen Bühnen vor *Oleanna,* das seit der Deutschsprachigen Erstaufführung im Wiener Akademietheater in der Regie von Dieter Giesing (1993) inzwischen fünfzigmal in deutscher Sprache inszeniert worden ist.

Bernd Samland

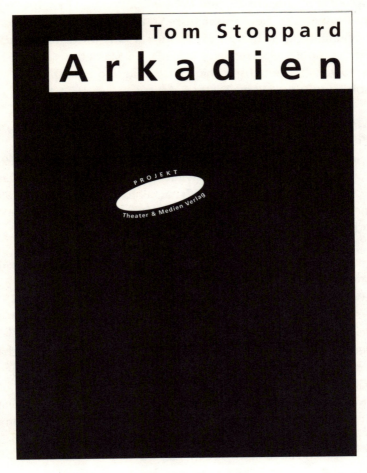

DIE THEATERREIHE   Bd. 2